LEONの秘密と舞台裏

カリスマ編集長が明かす「成功する雑誌の作り方」

はじめに

かつて出版界において、ミドルエイジ向けのメンズ誌、すなわち40〜50代の男性に向けたファッション誌やライフスタイル誌というのは、商売にならないといわれていました。どの雑誌も販売部数が少ない。広告を入れてくれるクライアントもさほど多くない。これではとても商売にはならない。そうした「既成概念」がはびこり、出版社も広告代理店もクライアントも、このジャンルの雑誌に深入りするのを回避していました。

無理もありません。一方で、20〜30代の女性に向けて作られた雑誌の中には、数十万もの発行部数や、1号あたり億単位の広告収入を稼ぎ出すものがいくつもあります。女性誌を作れば1桁多い部数と巨額の広告収入が期待できるのに、どうして売れないメンズ誌に手を出すバカがいるものか……誰もがそのように考えました。

結果としてメンズ誌は、出版社からもクライアントからもある意味、「見捨てられたジャンル」になっていました。

しかし私は、今から5年ほど前に新雑誌の構想を練っていたとき、この市場には大きなチャンスがあると確信しました。女性誌のようにすでに強力なライバルが林立した市場に遅れて参入しても、旨味は少ない。そもそも中高年の男性は、20〜30代の女性の何倍もの潜在的な購買力を持っている。ライフスタイル誌にとって、もっとも魅力的なマーケットのはずなのだ。ここで読者をつかむことができれば……いや、読者は必ずいる。笛の吹き方次第では、大きなビジネスチャンスを生み出すことができるはずだ。

『LEON』はそうした時代に、そんな発想から生まれました。そして、創刊から丸4年を迎えた今、我々にとって幸運なことに、多くの読者と広告クライアントの支持を取りつけることができました。それに伴って、『LEON』の中で幾度となく躍った「モテる」「オヤジ」といった表現が、当たり前のように世の中で使われるようになりました。

『LEON』の創刊がもたらした直接・間接的な影響として、アパレルや雑貨を中心とした中年男性向けのラグジュアリーアイテムの市場が著しく活性化した、ともいわれます。『LEON』とタイアップしてリニューアルを進めた東京・新宿の伊勢丹メンズ館の成功などは、その一端といえるかもしれません。

また、世に「ちょい不良《ワル》オヤジ」と呼ばれる人たちが現れました。東京でいえば銀座、青山、西麻布といった場所に出没する、歳はそれなりにいっているけれど、シャツのボタンを2つ3つ開けてジュエリーを「ちょい」ジャラジャラさせ、オヤジだてらにデニムを履いている。そういう、女性に「モテる」ことを意識したお洒落オヤジがたくさん増えてきて、実際に20～30代の女性たちの支持を集めるようにさえなっています。

こうして『LEON』が大成功した結果、これまで長く「見捨てられたジャンル」だったメンズ誌に、にわかに注目が集まるようになりました。『LEON』に続け!とばかりに、多くの出版社がさまざまな新雑誌を投入し、おとといあたりからこのジャンルは大いに活況を呈するようになっています。その結果、メンズのライフスタイル商品の市場そのものもさらに活気づく、という好循環さえ生み出されるようになりました。

そうした功績が認められて、昨年『LEON』は「繊研賞」という権威あるアワードをいただく栄誉に恵まれました。この賞は、アパレル関係の業界紙である繊研新聞社が、年に一度ファッションビジネスの発展に多大な寄与をした企業や団体、個人などを表彰するために設けているものです。マスメディアからの受賞は『LEON』が史上初めてでした。その表彰理由には、「『LEON』がメンズファッション業界に与えた直接の好影響」、さらに「メンズのライフスタイル誌のジャンルを活性化したことで、ファッション業界に与えた間接的な好影響」、その両方がはっきりと掲げられています。

本当のところ私も、5年前に『LEON』の企画を練っていた頃には、もちろん「絶対に成功させる」という気概と自信は持っていたものの、まさかここまで社会に大きなインパクトを与えることになるとは予想もしていませんでした。

ところで、『LEON』が成功したおかげで、最近私はさまざまなところで意見を求められるようになりました。講演会といった場に招かれて、多くの人々を前に話をするという機会も増えています。しかも、そうした場合にお話を聴いてくださる方は、出版の世界にとどまらず、百貨店などの小売業界からアパレル系のメーカー、さらに宣伝広告業界の人々まで、実にさまざまです。

そこでみなさんに聞かれる事柄はというと、私が『LEON』で用いているビジネスの手法についてというのが、やはりもっとも多いのです。これまでまともな成功例がなかった市場で、どうして『LEON』をヒットさせることができたのか？　あとを追ってライバル誌が次々登場する中で、依然『LEON』が圧倒的な強さを発揮している理由はなんなのか？

これらの質問に対する答えを、私なりに一生懸命考えて何度も何度も繰り返してしゃべっているうちに、これは一度きっちりロジックを整理しておいたほうがいいのではないか、と考えました。もちろん、私に意見を求めてくださる方からの質問に簡単に答えられるようにするという目的もありますが、それは自分のためにもなるのではないか。なにしろ、『LEON』の企画に取りかかって以来、かれこれ5年のあいだ、私は休みなしに前ばかり向いて仕事をしてきました。ここで一度過去を振り返って、自分が成したこと、そしてその意味をじっくり考えてみるのもいい。そう思ったのが、この本を書くことになった理由です。

とはいえ、依然として私は『LEON』の当事者であり、過去といっても私にとってはほんの昨日おとといのできごとにすぎません。それゆえに客観性を欠いた独善と思われることもいろいろお話しするかもしれませんが、どうか編集バカの世迷言とご容赦いただいた上で、本書がみなさまにとって、なんらかの益をもたらすものになれば幸いです。

目次

はじめに 3

第1章 モテる雑誌はこうしてできた
——LEON成功の舞台裏 12

なぜ「ミドルエイジの男性向けライフスタイル誌」なのか? 14
読者の「数」ではなくて「質」 18
私が求めた「実用とオリジナリティ」 21
「モテるオヤジ」がウケた理由 27
トレンドを先導あるいは煽動する 33
「費用対効果」という視点 35

第2章 LEON前夜・前半
——カリスマエディターの修業時代 39

3段変速より10段変速 40
紐と天秤で「費用対効果」を教えられる 42
「メンクラ」を読み耽った生意気中学生 45
「差別化」のワザを磨いた学生時代 48

メルセデスオヤジに完敗 50
駆け出し編集者の希望と不遜 52
株ブームにマンガでひと儲け 54
バブル崩壊を危うく回避 57
レースで覚えたスポンサー探しのノウハウ 59
編集長としての初戦に完勝 64
火のないところに煙を立たせる 67
広告を取れない雑誌は続かない 69

第3章 LEON前夜・後半
——カリスマエディター誕生譚 73

高級メンズ誌への挑戦 74
会社を移った理由 76
いざ新天地へ 78
さっそく難問に直面 81
創刊に向けての修羅場 83
高級であれども実用 87
サンプルイシュー 89
創刊準備号と「ブルガリおしぼり」 92

ＬＥＯＮ創刊 99
創刊第４号の大勝負 102
ジローラモ氏との幸運な出会い 108
浮動票獲得作戦 110
オヤジのロングボード 114
ＮＩＫＩＴＡ創刊 119

第４章 岸田一郎の雑誌ビジネス論 123

ライフスタイル誌は「見立て役」 124
雑誌が売れるメカニズム 125
ライフスタイル誌に正解はない 127
編集長であることの責任 129
編集長のリーダーシップ 134
出版不況の原因 137
「記者クラブ制」の弊害 141
広告に依拠するということ 143
ハッピー・トライアングル 148
マスかラグジュアリーか 151

オヤジの世代交代論 153
「モテるオヤジ」という仕掛け 159
本音のコミュニケーション 162
Ｂｅｇｉｎ時代の仕掛け 163
リアリティと説得力 165
力の源としての企画力 167
道《どう》を立てればお洒落が引っ込む 170
次に来る流行を作る 175
ブームの火を焚き続ける 179
雑誌編集者の錬金術 182
モテるオヤジはどこまで続く 186
お門違いのＬＥＯＮ批判 187
勝負と博打の大いなる違い 192
「超付加価値」が求められる時代 194
優れた雑誌のコピーとは 197
私のスタッフ、私の人脈 200
再び「ビジネスとしての自覚」について 206

あとがき 210

第1章

モテる雑誌はこうしてできた
――LEON成功の舞台裏

なぜ「ミドルエイジの男性向けライフスタイル誌」なのか？

『ＬＥＯＮ』はなぜ成功することができたのか？　その理由はいろいろとあるでしょう。単に天が我々に味方した、運がよかった、という見方もできるかもしれません。

ただ、そういう運命論的な話をしても読者のみなさんの参考にはなりませんから、この章では「『ＬＥＯＮ』というプロジェクト」のリーダーとして私が成し得たこと、つまりは「『ＬＥＯＮ』の戦略」というものに的を絞ってお話しをさせていただきます。

さて、今から5年前、私が『ＬＥＯＮ』の企画を携えて、新天地である主婦と生活社に移ってきたとき。そこで『ＬＥＯＮ』創刊の構想を練っていた頃は、出版・広告業界でミドルエイジの男性向けライフスタイル誌というアイデアはあまり人気がなかったという話を、この本の最初にいたしました。実際、「中高年の男性はファッション誌など買わない」「どうせライフスタイル分野でやるなら女性誌のほうが成功する可能性が高い」というのは、当時業界内の共通の認識、あるいは常識といえるものでした。

それでも私が、「ミドルエイジの男性向け高級ライフスタイル誌」という形にこだわったのは、それがなによりビジネスとして一番可能性が高いと信じたからでした。

その理由を、一つ一つ噛み砕いてお話しします。

そもそも「ライフスタイル誌」というのは、どういったジャンルの雑誌なのか。これは、アパレルを中心としたファッションだけでなく、鞄や靴などの雑貨、時計、クルマといった機械モノ、さらに住まいや食や旅まで、人々の生活の幅広い側面をカバーするものです。これからの時代において、雑誌という媒体にはこの形式がもっとも適しているのではないか。私はまず、そんなふうに考えました。

それまでは、日本の男性が読む雑誌といえば、大まかにいうと政治経済から文芸まで幅広くカバーしたいわゆる「総合誌」と、クルマ、時計、ファッションといったように対象を絞った「専門誌」の両極に分かれていました。

しかし、これらはどちらも「広告クライアントを見つける」という目的には、あまりふさわしくありません。なぜなら総合誌というのは、いうなれば誰がどんな興味で読むのかわからない雑誌です。そうなると、広告媒体としての価値を上げるためには、本をひたすらたくさん売って部数を上げるしかない。ところが日本の場合、総合誌の強力なライバルとして圧倒的部数を誇る日刊の新聞というものがあります。さらに、TVやインターネットといった無料で情報を入手できるメディアまでが発達してしまった現在では、この手の本で部数を稼ぐこと自体、とても難しくなってきています。

一方の専門誌は、これは私もクルマや時計の分野でかかわった経験があるのですが、たとえ成功したとしても、結局はそのジャンルのクライアントの広告しか入らない。しかも、なにしろ毎号クルマならクルマ、時計なら時計の企画で全編が埋まっている雑誌ですから、そのジャンルのクライアントに対して、高い広告料金を要求するのは難しい。ビジネスとしては、最初からある程度上限が見えているジャンルともいえます。

その点で、ライフスタイル誌は、幅広いジャンルのクライアントから広告出稿を期待できるので、断然有利です。そもそもこの手の雑誌は、ファッションやクルマや時計に最初からそれなりに興味があって、お金の上手な使い方を知りたい人が読者となるわけですから、クライアントにとっても、商品の広告を出す価値がそれだけ高いということになります。

こうした理屈を考えれば、私が総合誌でも専門誌でもなく、ライフスタイル誌を手がけたいと思った理由をご理解いただけると思います。

次に、そのライフスタイル誌の対象読者を「ミドルエイジの男性」に設定した理由ですが、これもいたって明確です。男女読者を各年齢層で見回したときに、そこがラグジュアリーアイテムの購買力において、圧倒的に高いと思われたからです。

日本ではいまだに、男女の所得格差が非常に大きい。さらに、多くの企業で昔ながらの「年功序列型賃金体系」が事実上維持されていますから、たとえば同じ男性のキャリアビジネスマンでも、20代と40代では所得に天地の開きがあります。そうしたことを考えると、本来ライフスタイルのメディアにとって一番魅力的なのは、所得水準がピークに達する40～50代の男性なのです。ここにこそ最大の金脈がある。

ただ、今まではそれを誰も掘ることができなかった。正確には、ちょっと掘ってみたら難しそうだったので、本当は金脈があるのに、みんなで存在しないことにしてしまった。

私のイメージでは、それが今から5年前の雑誌業界の状況でした。

読者の「数」ではなくて「質」

もう一つ、その頃まで多くの出版社がミドルエイジの男性向けのライフスタイル誌に目を向けなかった理由がありました。それは、「雑誌の成功とは大部数を売ること」という思い込みが、この業界の人々のあいだに強くあったことです。

もっとも、それも無理はありません。出版界というのは、そもそもそうした思い込みによってこれまで発展してきたからです。実際、70〜80年代の雑誌全盛時代には、何十万部、場合によっては100万部以上も売れたようなお化け雑誌がたくさんあり、そうしたメディアの成功が、今日ある多くの大手・中堅出版社の発展の礎となりました。ですから、そこで活躍して出版社のトップに上り詰めたような人たちは、その時代の成功体験が忘れられない。そういう人たちが会社の上層部を占めているわけですから、新雑誌を出すとなると、おのずと目的は「大部数を売ること」になってしまいます。

しかし、雑誌のビジネスに手を染めたことのある人間なら誰でも知っていることですが、今日存在する雑誌のほとんどは、その収益を書店での販売と広告収入の二本柱に頼っています。本そのものの販売収入だけで利益を出しているような雑誌は、むしろ少数派なのです。

収益目標を達成する手段は、たとえば販売部数が10万で広告収入が1000万円でも、また販売部数が1万で広告収入が1億円でも、会社にとってはどちらでもかまわないのです。むしろ、後者のほうがビジネスとしてより安定性が高いといえるかもしれません。大部数を発行すれば製作費もそれだけかかりますし、それを維持するための編集・販売サイドの努力も甚大となるからです。

ところが、現実には多くの出版社で、前述のような「部数至上主義」が根強く残っています。そんな環境で、編集長自ら「部数は少なくてもかまわない」といい切ることはとても難しいのです。場合によっては、上司や周囲から「敗北主義者」の烙印を押されて、編集長の座を追われかねない。そういった事情も、このジャンルへの出版社の積極的な参入を妨げる要因になっていたと思います。

しかし私は、『LEON』創刊にあたって、当初から「大部数を追求しない」という基本方針を立てました。販売部数は3万部から、のちに部数が伸びたとしても、最大で5万〜6万部で十分。ただし、その分読者の「質」は大切にしたい。

その「質」とは、具体的にいえば読者の購買力と購買意欲です。

たとえ数は少なくても、購買力が極めて高い読者であれば、購買力が少ない読者をたくさん抱えている雑誌よりも市場への影響力は大きくなる。そうした読者の購買力を、雑誌の作り手がうまく笛を吹いて刺激することで、実際の商品の購入につなげることができれば、クライアントはいくらでも広告を出してくれるはずだ。単純にいえば、そういう戦略です。

この購買力という点では、かつて面白い統計数字を見たことがあります。高級ブランド品の市場では、人口構成比でいえば全体の1%にも満たない一部のお金持ちが、購買力の50%以上を担っているというのです。それなら、我々雑誌を作る側も、やみくもに部数を増やそうと努力する必要はない。

むしろ、そうしたお金持ちをエクスクルーシブな読者として迎え入れ、彼らの消費動向に強い影響力を行使できるようになれば、その分野のクライアントは、必ず味方についてくれるはずです。

私が求めた「実用とオリジナリティ」

もっとも、ここまではいうなれば「絵に描いた餅」です。こうした理屈を知っていた編集者は、きっとこれまでにもいたはずです。しかし、それをなかなか実行に移すことができなかった。それはなぜかというと、お金持ちで購買力があって購買意欲もあるという人を信服させて、エクスクルーシブな読者に変えるというのは、現実にはとても難しいことだからです。お小遣いが少ない、経験も乏しいといった若い読者が相手なら、生半可な編集者でも笛を吹いて躍らせることはできるかもしれません。しかし、お金持ちで購買力があるという人は、高級ブランド品のユーザーとしてもかなりの「高段者」ですから、雑誌自体がよほどのカリスマ性を帯びない限り、おいそれと信奉者になってくれたりはしない。

ならば、その問題を解決するためにはどのような処方箋があるでしょうか? これが『LEON』の戦略のもう一つの重要なポイントです。

この点では、私には幸いにもこれまで男性向けのライフスタイル誌や専門誌の分野で、さまざまに積んだ経験がありました。また過酷な修羅場も、ときには失敗も経験し、そこから多くのことを学んできたという自負もあります。結果、この種の雑誌を運営する上で大切な勘所を身につけることができたのです。

おそらくこの面でも、私の雑誌作りの方法論は、他の編集者と大きく違っています。世の多くの雑誌は、知性教養があって経験豊富な、いわゆる「手ごわい読者」に対抗するために、よそからオピニオンリーダーを連れてきたり、ジャーナリズムやカルチャーといったライフスタイル誌本来の「生活情報」の枠からはみ出た企画を加えたりしています。そうすることで、自らに文化的な権威付けを行おうとしているのです。

これに対して、私が用いるのはまったく逆の戦術です。外部の権威にはあまり頼らない。企画からは、ジャーナリズムやカルチャーといった「不純」な要素をできるだけ廃して、すべてのページを「読者にとって実用的な生活＆トレンド情報」という一点に集約させる……これが、創刊以来『ＬＥＯＮ』がとってきた基本的な方針です。

外部の権威……すでに名のある評論家の先生や、タレント、文化人などの有名人といった人をあまり誌面に登場させないのは、そうすることで雑誌自体がせっかく育てようとしている「ライフスタイルの指南役」としてのカリスマ性が、悪影響を受けると思うからです。

だって、そうではありませんか。もし、『LEON』のいうことよりもある評論家の先生のいうことのほうが読者にとって有効であり、役にも立つのだとしたら、読者はあえて『LEON』を買う必要などありません。そうなると、ライフスタイル誌としての魅力が低下して、クライアントも『LEON』に広告を出す意味がなくなってしまいます。

もう一つ、ジャーナリズムやカルチャーといった要素を企画から排除する理由があります。結局のところ、それはライフスタイル誌にとって本質的なテーマではないと思うからです。

私の感覚では、ライフスタイル誌とは、あくまで読者に対して「生活&トレンドに関する実用情報を提供する」本です。それ以外の企画は「オマケ」にすぎない。そのオマケがオマケとしてついているのなら、読者も得した気分になれると思いますが、「売りの企画」の一つとして並べられると、騙されたような気がしてしまう。

一流のジャーナリズムや文芸ということであれば、それ専門の雑誌やメディアがほかにあるからです。別にライフスタイル誌が、そうしたものをカバーする必要はないのですから。

加えて、そういう「オマケ」で体裁を繕うことが常習化してくると、ライフスタイル誌本来の「生活&トレンド情報の提供」という機能がどうしてもおろそかになってしまう傾向にある。実際、そうして鳴かず飛ばずに終わった雑誌を、私はいくつも目撃しています。外部の権威を遠ざけて、ジャーナリズムやカルチャーといった不純な要素を誌面から排除する。その上で、私が部下のスタッフにも、徹底的に追求するよう要求するのが、その裏返しとしての「オリジナリティ」と「実用性」です。

オリジナリティという点では、私は『ＬＥＯＮ』だけでなく、これまで編集長を務めたすべての雑誌について確固たるプライドを持っています。この点こそ、ある意味で私の雑誌作りの生命線といえるかもしれません。

仕事の方法論は千差万別ですが、多くの出版社で、新しく雑誌を出そうというときによく行うのは、どういうやり方をしている雑誌が成功しているか、という調査・研究と市場分析でしょう。そしてともすれば、すでに成功している雑誌をそっくりまねて企画を作り、場合によってはそこからスタッフを引き抜いてきたり、同じ外部ライターやスタッフを起用して誌面を作ったりする。これは出版界にとどまらず、日本の産業界全体が、そうしたある意味「身もフタもない」成功例の模倣を、「正当にして堅実な業務の進め方」として奨励している傾向さえあるのではないでしょうか。

しかし、私の視点からすれば、少なくとも雑誌作りにおいてはそうしたやり方ではけっして成功しません（もっとも、資本力にモノをいわせられるだけの大手出版社の場合は、その限りではないかもしれませんが）。むしろ、失敗した場合に執行部が責任をとらないための社内向けの「アリバイ作り」の仕事にすぎない。

なぜなら、ライフスタイル誌こそ、市場のなかで読者やクライアントに対して、作り手がしっかりと「旗を立てなければならない」タイプのメディアだからです。編集長がリーダーシップを振るって「我々はこういう切り口とこういうテイストを持ったライフスタイル誌だ」と、目印の旗を立てて声高に叫ぶ。それがまず読者に対して「笛を吹く」第一歩であり、そうして初めて読者が集まってきたり、クライアントも関心を寄せてくれたりする。それを続けることで、だんだんと読者が増え、クライアントからも広告をもらえるようになる。そういうビジネスだと思うのです。

ですから、既存の雑誌のまねばかりで独自の旗を立てる勇気のない人は、ライフスタイル誌の編集長を務める資格はないし、そこで成功する可能性も少ない。そのことは、『LEON』に倣って登場したいくつものライバル誌の状況を見ても明らかだと思うのです。

もう一つの「実用」についても触れておきます。これはライフスタイル誌をうたうからには、それぞれの企画が読者の具体的な「行動」に結びつくようなものでなければならない、という一つの縛りです。つまり「読んで面白かったけどなにも買わなかった」というような本では、ライフスタイル誌としては失格なのです。

別にモノを買わなくても、代わりにどこかに行ったり、なにかをしたりでもいい。いずれにせよ、読者の行動を喚起するような説得力を、個々の記事が持たねばならない。

第4章でもくわしくお話ししますが、ライフスタイル誌の媒体力は、絶対的な部数でも、読者の所得水準でもありません。読者の購買力をどれだけ刺激するパワーがあるか、という点に大きくかかっているのです。そのためには、雑誌はなにより「役に立つ」ものでなければならないし、役に立った結果、読者の多くが実際にモノを買ったり、どこかに行ったりしなければならない。

私の理想は、私の手がける雑誌の端から端までが、読者にとって高度に実用的な企画で満たされていることです。もちろん、なかなかそこまでの密度で一冊すべてを毎月作り上げることは難しいのですが、少なくともそこには、はなから実用を離れたエッセイやグラビアページなどが入り込む余地はない。そうしたジャーナリズムやカルチャー的要素が欠如した点をもって、『ＬＥＯＮ』を「カッコばかりで中身のない雑誌」と評する声もあるようですが、私はまったく気にしていません。ライフスタイル誌にとっては、実用的な生活＆トレンド情報こそ本質であり、中身であると確信しているからです。

「モテるオヤジ」がウケた理由

それでは、読者にとって『ＬＥＯＮ』のようなライフスタイル誌が果たす役割とは何でしょうか？　そもそも、読者はライフスタイル誌になにを求めているのでしょうか？　読者の要求を満たしてこそ「実用的」といえるわけですから、これは『ＬＥＯＮ』のような方向性を持つ雑誌にとっては、極めて根源的なテーマです。

もしかしたらこれまでのライフスタイル誌の多くは、この答えの導き出し方を間違ってしまっていたのではないか？　これが『ＬＥＯＮ』創刊にあたって、私がなにより深く考え抜いたポイントでした。

それまであったミドルエイジ向けのファッション誌やライフスタイル誌の多くは、たとえば「クラシコイタリアの真髄」とか「ダンディズムを究める」といったテーマで特集を展開していました。しかし本当に読者は、そういった情報、あるいは「学習」を望んでいるのでしょうか？　私は、実のところそうではないと昔から考えていました。

専門誌ではなくライフスタイル誌の読者が望んでいるのは、ファッションやクルマや時計の「道《どう》」を究めることではなく、むしろもっと安直に、その分野の最新のトレンド情報を入手することで、ライバルに差をつけていい格好がしたい。さらに一歩進んで、女性にモテたい。本音としてはそういうことが目的で、この手のライフスタイル誌を買っているのではないか。

もっとも、そうした本音のテーマを、表現としてどこまで前面に打ち出していくべきか。その点では私のなかにも葛藤がありました。なにしろ『ＬＥＯＮ』は「高級ライフスタイル誌」を自認する雑誌です。このジャンルのクライアントは、どこも品格には厳格ですし、一度悪い評判が立ってしまうと挽回するのは難しい。

私が選んだ戦略は、ビジュアル面では高級誌としてのクールで硬質な質感を目指す。その一方で、企画の中身は徹底して「本音話」を展開する、というものでした。

そうしているうちに、創刊から4号目で「モテるオヤジの作り方」という特集企画（104ページ参照）が読者の絶大な支持を得ることに成功し、以降「モテる」「オヤジ」さらに「ちょい不良《ワル》」といった表現が、『LEON』の代名詞にもなっていきます。

最初のうちは、クライアントがそんな雑誌の展開に対してどういう反応を示すか不安もありましたが、そうした企画を通じて『LEON』が高級ブランド品のマーケットに明らかにプラスの影響力を発揮したことが評価され、それ以降、『LEON』は広告媒体としても、絶対的な評価を確立していくことになります。

それではなぜ、そうした「モテる」といった直接的な表現が、それほどまでに読者にウケることになったのでしょう?

一つは、中心となる読者のなかに、そうした「ヨコシマ願望」を持った中高年の男性がいて、彼らが『LEON』の「効能」を評価してくれた。そういう事実はもちろんあったのだろうと思います。

しかし、実際には『LEON』を読んで服装や持ち物にちょっと工夫を加えたからといって、それだけで中年男性が急に女性とのアバンチュールを楽しめるようになるとは思えません(われわれ作り手としても、そこまでの即効性は残念ながら保証できないと考えています)。それでも「モテるオヤジ」という表現が多くの人々の支持を得たのは、一つはそれが読者を今までにない自由で楽しい気分にさせたからだと私は思うのです。

つまり、「モテる」ことを目的と定めたトレンド紹介は、これまで多くのメンズ誌が行ってきた「ファッション道《どう》」の押し売りの対極にあたるものなのです。

ライフスタイル誌に求められるファッション情報は、読者が「紳士道《どう》」を究めたり、よりダンディになったりするためのものではない。所詮は、周りの人(=女性)によく思われてナンボ。それはクルマや時計などの場合もまったく同じで、いかにメカニズムやブランドの由緒由来に詳しくなったとしても、その結果、本人に対する周囲の好感度が上がらなければなんの価値もない。結局のところ、ライフスタイル誌が追求すべき「実用情報」とは、そういうレベルのものだ。堅苦しい「道《どう》」の押し売りを、読者は望んではいない。

「モテるオヤジ」の特集を境に『LEON』が大きくブレークしたことで、私のそうした確信はさらに強いものになりました。

もう一つ、『ＬＥＯＮ』が短期間のうちに読者の支持を得ていった理由に、当初から雑誌の大きなテーマとして、「中高年男性の復権」を掲げていたこともあるでしょう。対象となる読者に対して、常にポジティブなメッセージを送り続けることは、雑誌にとって非常に大切なことなのです。これまで日本の40～50代の男性は、仕事もたくさんしてきたし、他の世代と比べてお金も権力もある。しかし、男としては、腹が出て髪の毛が薄くなった（もしくは白髪交じりになった）魅力のない存在として、多くの女性にとって興味の対象外に置くべきもの、というイメージがあったからです。

若さがないと性的興味の対象にはなり得ない、という日本人の思い込みは、何も男性に限ったことではありません。女性の場合はもっと過酷で、30歳をすぎるともう「オバサン」呼ばわりされ、女としての価値はググッと落ちる。そういう認識を当の女性自身が持っていたりする。それがのちに、私が『ＮＩＫＩＴＡ』という雑誌を創刊する動機にもなるわけですが、『ＬＥＯＮ』が創刊されるまでは、男も40歳をすぎると「オヤジ」で、女性から見て性的魅力などカケラもない醜い存在に成り果ててしまう、という認識が、我々の社会には広まっていました。

その点を、私自身変えていきたいと思ったのです。40すぎの男は、確かに若い連中と比べると肉体は少々衰えているかもしれないが、その代わりに20代30代の男では持ち得ない経験と分別と経済力がある。だから、お腹が出たとか、髪が薄いとか、自分を変に卑下せずにちょっと服装や持ち物を工夫すれば、女性の目から見て、そこいらの若い連中よりもずっと魅力的な男性に映るかもしれない。そのためには、一にも二にも、ファッションセンスを磨くこと……そうした主張が「モテるオヤジ」というタイトルに込められていました。だからこそそれは、世の中高年の男性の耳に、とてもポジティブに響いたのではないでしょうか。

そして、実際に多くの人が『ＬＥＯＮ』を読んでその提案を実行した結果（つまり身の回りのモノをいろいろ買ったわけです）、日本の中高年男性のファッションセンスは、数年前と比べて明らかによくなりました。まあ実際にモテるモテないは別にして、世の穏健な奥様方や娘さんたちも、センスアップしてにわかに垢抜けたお父さんの姿には満足を感じているのではないでしょうか。前述のメンズファッション業界の活性化とあわせて、この点では少しばかり、我々も社会貢献ができたのではないかと内心思っています。

トレンドを先導あるいは煽動する

まがりなりにもライフスタイル誌と呼ばれるものであれば、そこで紹介されているアイテムは、「それなりにいいモノ」か、「かなりいいモノ」です。ただし、それだけで読者の興味を引くことはできません。いいモノであると同時に、旬のモノ、つまりトレンドにかなったアイテムでなければならない。流行遅れやトレンドから外れたものは、ライフスタイル誌が紹介すべきアイテムとはいえません。この「トレンドに乗る」ということは、ライフスタイル誌が存続する上でとても重要な要件です。

ただし、トレンドに乗るだけでは、雑誌は「存続」することはできても、特別目覚しい成功を収めることはできません。そのことを私は、過去の雑誌運営の経験を通じて、骨身にしみて理解していました。

そこで、最初にお話しした「オリジナリティ」にも関わってくることですが、成功する雑誌はトレンドに乗るだけではなく、状況に応じてトレンドを先導し、場合によっては火のないところに煙を立ててトレンドを「煽動」するのです。

そうすることで、トレンドリーダーとしてのポジションを常に確かなものにしていく。ただ既存のトレンドに乗るだけでは、マーケットではフォロワーの評価しか得ることはできないし、フォロワータイプの読者しか獲得することはできない。先鋭的な読者まで引きつけて、雑誌自体がトレンドの先導者として半ば「神格化」されていくためには、波が来るのをただ待っているだけではダメなのです。

私はこれを「仕掛け」と呼んでいるのですが、ときにはまだ誰も騒いでいない分野やアイテムで、雑誌で強力な特集を組んで、力ずくでブームを巻き起こしていく。そういう腕力も、ここぞという場面で振るうことも、この手のライフスタイル誌では必要となるのです。

もちろん、火のないところに煙を立たせるにしても、対象はなんでもいいというわけではありません。やはりアイテムそのものにポテンシャルがないと、大きなブームには発展しません。そうした「見立て」の能力というのも、ライフスタイル誌の作り手に求められる重要な資質の一つです。

具体的な例を挙げれば、パネライの時計、ボッテガ・ヴェネタの鞄、イタリア製軍パン、大型ＳＵＶのハマーＨ２などは、（少なくとも日本市場においては）明らかに『ＬＥＯＮ』

が主導してブームを引き起こしたものでした。そうしたアイテムが人気を呼ぶことで、雑誌にとっては新たな企画のネタが増え、誌面が活気づいていく。編集者は、そうした循環を絶やさないように、常にいろいろなジャンルに目を配って、ブームにつながり得るネタを探していく。

見方によっては「マッチ・ポンプ」ともいえますが、そうすることによって我々は常にトレンドリーダーの地位を確保することができる。私にとってそれは、ライフスタイル誌を手がける上で、間違いなく醍醐味の一つでもあるのです。

「費用対効果」という視点

最後にもう一つ、『LEON』が読者のために「モノ選び」をする上での重要な視点をお教えしましょう。

それは「費用対効果」という視点です。

これは私が大阪出身の人間ということにも関係があるかもしれません。たとえお金があって、それを何かモノを買うために用意しているとしても、できうる限り有効に使いたい。無駄なモノにはビタ一文も払いたくない。読者は常にそういう気持ちでいるのではないかと、私はかねがね想定することにしているのです。

そのため、私は値段を度外視した「いいモノ」というのは基本的に認めません。値段は高くても安くてもどちらでもいいのですが、その値段に見合った、もしくはそれ以上の価値があるものでないと、「買い物」としては魅力がないと感じてしまう。

もちろん、そういうモノを読者にすすめたりするのは、ライフスタイル誌の作り手として、非常に無責任な行動だと思っています。

ですから、『LEON』を以前から読んでおられる方はよくご存じと思いますが、『LEON』の記事のタイトルや文章には、比較的頻繁に値段の話が登場します。

たとえば以前、イギリスの高級車メーカーであるベントレーの「コンチネンタルGT」という超高級車を紹介したときには、「2000万円のお買い得!」というキャッチを企画のメインタイトルに採用しました。ベントレーのブランド力、そして最高速300㎞/h超というハードウェアの実力を考えれば、2000万円という値段さえ案外割安だと、雑誌としてお墨つきを与えたわけです。

こうした値段といったことにまでこだわるのは、『LEON』に紹介されているアイテムはすべて「いいモノ」であり、「旬なモノ」であり、かつまた「買い物としても価値あるモノ」であるという信頼を、なるべく多くの読者の方からいただきたいと、なにより私が願っているからです。

このように「目利き」の腕を評価されることこそ、ライフスタイル誌の作り手としてもっとも名誉なことであり、その結果として紹介した商品が確実に売れれば、クライアントも喜び、さらにたくさん広告を出してくれるでしょう。

そうした「みんなが幸せ」という循環を作って、大いに儲ける。それが『LEON』というビジネスの根幹であり、ひいては高級ライフスタイル誌の理想的なあり方ではないかと思うのです。

第2章

LEON前夜・前半
――カリスマエディターの修業時代

3段変速より10段変速

私は1951年に大阪で生まれ、大阪で育ちました。父親は地元で小さな鉄工所を経営していましたが、とても多芸多趣味でいろいろなモノに興味を持ち、いったん没頭するとそれを徹底的に究めようと行動するタイプの人でした。今にして思えば、当時としては比較的珍しく、物欲の強い享楽主義の傾向を持った人間だったといえるかもしれません。

父親が道楽者だったおかげもあって、私は小さい頃からおもちゃをたくさん買ってもらえました。自分より年齢の高い子ども向けのおもちゃをたくさん持っていた私は、年齢の割には大人びた、生意気で「ませた」子どもだったと思います。自転車なども早いうちから買い与えられて、「他の子のは3段変速なんだけど、僕のは10段変速！」と自慢したりしていました。実際それは当時としては珍しかったドロップハンドルのサイクリング仕様の自転車で、大人にとってもなかなか高価なものだったように思います。

模型の電気機関車も持っていました。金属製のレールを全部つなぐと、6畳の部屋がいっぱいになったりもしました。また、「Uコン」の飛行機も持っていました。Uコンというのは現在のラジコンに近いもので、エンジンがついているのですが、飛行機にはワイヤーが結ばれていて、それをつないだU字形のハンドルで操作するのです。

そうしたいろいろなモノを買ってもらうにつれ、私なりに感じ始めたことがありました。それは、結局「物欲」の中身というものは、お金を払って買って自分が楽しむということ以外に、「他人と差別化する」ことの快感にもあるのではないかということです。「なんだ、お前のヤツは3段変速か。俺のは10段変速だぜ」という差別化や、「エンジン付きの飛行機持ってないの？　俺は持っているよ」といった優越感。それを味わいたいという気持ちも、モノに対する欲求には含まれているのだと、子供心にもなんとなくわかってきたのです。

同時にその頃は、いわゆる「戦後」が終わって人々の生活がだんだん豊かになり、モノによる「差別化」をそれほどいやみなく楽しめる時代が始まりつつありました。おもちゃ一つとっても、持っているか持っていないか、あるいは持っているならばそのおもちゃの価値の大小で自己表現したりできる。そうした他人と差別化することの面白さというものを、この頃からおそらく、私は意識し始めていたのだと思います。

そしてその感覚が、今の自分の仕事にも役立っているのです。

紐と天秤で「費用対効果」を教えられる

あれは確か、小学4年生のときのことでした。家に、お中元で菓子折りが送られてきました。そのときはたまたま母親が不在だったのですが、私はそれを食べたくなり、自分で菓子折りの包装を外すことにしました。当時はまだ、ガムテープやセロテープが珍しい時代だったので、菓子折の包装には紐が巻かれています。母親はなにかで送られてきたものに紐が巻かれていると、それを自分で再利用できるように丁寧に外して保存していました。そうした「節約」は、当時どこの家庭でもあたりまえのように行われていたことでした。

私もそれを知っていたので、箱を手にとって一生懸命紐をほどこうとします。そこに、たまたま父親が通りかかって、「お前、何やっているんだ?」と聞かれました。私は、お菓子を食べたいからお中元で届いた箱を開けている、と答えました。

すると、父親は意外そうな顔をして、「その紐を外してどうするんだ?」といいます。

私も不思議に思いながら、「いやこれは、母さんがあとでまた紐を使えるようにしているでしょ……台所の机の中にいっぱい入っているじゃない。それと同じように、あとで使えるようにほどいているんだよ」と答えました。

そうしたら、父親はこういうのです。

「そんなもの、ハサミで切ってしまえ」

褒めてくれるかと思っていた私はびっくりして、なぜかと尋ねました。

すると父親は、紙を取り出して天秤の絵を描き、天秤につるされた片方の皿には紐の絵を、もう片方に「時間」という言葉を描き入れて、私に見せました。そして、意味がわからないという顔をしている私に向かってこういったのです。

「時間」はタダではない。その紐を外すという作業には、自分の大切な「時間」を使うことになる。そもそもその紐を、母さんが使うかどうかもわからないわけだろう。とすれば作業は無駄になるかもしれない。そういったことを天秤にかけて測ったら、お前が紐をほどくために使う「時間」と、その成果とでは、ちっとも釣り合っていないことがわかるんじゃないか。そういったことを考えたことがあるか。つまりなにがいいたいかというと、紐なんかパチッと切ってしまえ。そんな時間があるんだったら勉強でもしなさい。

たわいもない話かもしれませんが、これは当時の私にとって強烈なインパクトのあるできごとでした。その時代に「費用対効果」という言葉があったのかどうかはわかりませんが、幼いながらにその概念が強く心に刻まれたのです。

そしてそれは、のちに私が仕事をしていく上でも大切な要素となります。販売担当者からの報告によると、今現在、『ＬＥＯＮ』と『ＮＩＫＩＴＡ』はとくに関西でよく売れているそうです。これは、今お話ししたことと大きく関係しているのではないでしょうか。

私も大阪育ちなのでわかるのですが、関西人は「費用対効果」という考え方が体に染み込んでいます。これは、けっして「ケチ」という意味ではありません。たとえば１００万円持っていたとして、それを使ってしまうのはかまわない。けれども、そのときに「１００万円で一番価値ある買い物はどれなのか？」「もしかして、１００万円で１２０万円の価値があるものが買えたりするのではないか？」「１００万円の価値のあるものを80万円で手に入れることはできないか？」……そういったことを必ず考えるわけです。

関西人は、高価なブランド製品を買う場合でも、シビアに検討します。当然、その指南書たるライフスタイル誌も、「費用対効果」に関する感覚を持っていないと買ってはもらえません。

たとえば、ラグジュアリーな商品であれば、それを持つことでどこまで「イバリ」の効果を発揮できるか。そういったことがとても大切になります。つまるところ、それがラグジュアリー商品を身近に置く目的の一つでもあるからです。具体的には「誰でも知っているわけじゃないんだけど、見る人が見たらわかるボッテガ・ヴェネタを持ってるんです」というような話が求められているのです。

こうした「費用対効果」の視点を、私は『LEON』と『NIKITA』を編集する上でも大切にしています。それが、前述の関西地域で雑誌が売れている一つの理由だと思うのですが、その原点は、小学4年生のときに父親が紙に書いた天秤の絵と紐にあったのです。

「メンクラ」を読み耽った生意気中学生

お洒落に目覚め始めた中学1年生の頃、『メンズクラブ』（アシェット婦人画報社刊）という雑誌を愛読していました。ちょうど「アイビー」が流行った頃です。主に大学生や20代男性に浸透していた第一期アイビーブームの頃ですね。

まだガキに近い年端のくせに『メンクラ』を読み、生意気にもギンガムチェックのシャツを買ったり、VANのスニーカーを買ったりしていました。

ところが、たとえばVANのストライプのシャツを買っても、すぐにまた新しいシャツが出てきてしまいます。ファッションのトレンドというのは、常に移り変わっている。そうすると、中学1年生の身でせっかくお小遣いを貯めて買ったにもかかわらず、すぐまた別の欲しいモノが出てきてしまう。大切なお金を使って買ったモノでまだ十分着られるにもかかわらず、新しいモノを着ないと格好悪いように思えてしまう。

それを繰り返しているうちに、ふと「なんでこのファッションのブームというものがあるんだろう?」と考え始めました。ギンガムチェックのシャツを着ようがストライプのシャツを着ようが、シャツであることに変わりはない。要は、ただ「格好いい」か「格好よくない」か、はっきりいえば「モテる」か「モテない」かの違いだけで人の購買意欲を煽っている。

そして、結局のところ「どんなブームも必ず終わる」。

そのことに気づいた私はすっかりアホらしくなってしまい、おまけにお金もすごくかかってしまうので、いったんはトレンドを無視することにしたのです。ところが、そうすると当然、自分自身がちっとも格好よくない。トレンドを無視しても「生活はできるけれど、格好よくない」自分もまた心地よくない。でも、トレンドを追うとお金がかかる！　この矛盾についてさらに考え続けました。

そして、このファッショントレンドというのはどこから起きるのだろう……そう考えて思い至ったのです。必ずどこかに作って送り出している人がいるはずだ。そして、できるなら自分はそういう立場に立ちたい。

私はまだ中学1年生でしたが、このときすでにおぼろげながら「所詮、ファッショントレンドに正解などないんだ」ということと、同時になんとなく「自分は踊らされている」ことに気づいたのだと思います。しかし、踊らされていないと格好よくないし……というジレンマがありました。

この点については、今でも気づいていない人は多いかもしれません。たとえばテニスブームが来て、そこで「やっぱりテニスって面白い」ということで始めることにした。そのときは永遠のスポーツのように思う。けれども、ミーハーな人はブームが廃れると、なんとなくテニスをやり続けることに引け目を感じるようになってきて、次のブームに乗っかっていくことになります。

それと同じで、ファッションにも結局のところ、正解などはない。たとえば、ルーズな服が流行ったとき、世間ではどのようにいうのかといえば、「服はやっぱり着やすいことが一番です！　だからルーズフィットというのがすごく快適なんです！」となります。ところが、その流行もいつのまにか終わってしまう。すると、今度は「ファッションはタイトでなきゃ！」といったように、まるで逆のことをいわれたりするかもしれないのです。女性のスカートにしても、短いのがいいのか長いのがいいのか、メンズのスーツは3つボタンが正しいのか2つボタンが正しいのか。そこに正解はまったくない。

この考えは、当時も今も変わっておりません。

「差別化」のワザを磨いた学生時代

大学に入って上京した頃には、より一層「他人との差別化をしないといけない」という思いが強くなっていました。ファッションに関しても、普通に新宿や原宿で買い物をするのではなく、もっと掘り出し物を見つけようと、上野のアメヤ横丁などをよく歩き回っていました。当時のアメ横はまだ今ほど知られた場所ではなかったのですが、舶来品といえばアメ横でした。

大学の授業が終わったら仲間とみんなでアメ横に行き、とにかく他人が持っていないようなモノを探していました。仲間たちも、漠然と「モテたい」という願望を持っていたと思います。しかし、それが「差別化」というところにつながっている人はあまりいませんでした。

そんななかにあって私は、真っ当にみんなと同じ努力をするのではなく、なにか外しワザを見つけて他人に勝つ、といったことをしなければいけないと考えていました。そのために、ファッションについても誰もが行くような真っ当な場所で買い物をするのではなく、アメ横で掘り出し物を探すほうがいいと思ったのです。そして、珍しいモノ、新しいモノで「人と差別化する」ということをいつも考え、実践していました。

メルセデスオヤジに完敗

その頃、私はある女の子とつき合っていました。交際は順調に思えたのですが、あるとき突然別れを告げられてしまいました。聞けば、「他に好きな人ができた」といいます。私は驚いて、「どんなヤツだ、そいつは！」と詰め寄ると、なんと「あなたよりも20歳以上年上で、クルマはメルセデス・ベンツに乗っている」。つまり金持ちのオヤジである、といわれました。

彼女は、若くて貧乏な自分よりも、オヤジの魅力に負けてそっちへ行ってしまった。そのとき私は、「君が今行こうとしているオヤジの年齢になったときには、俺はきっとそのオヤジよりもずっと素晴らしいオヤジになってみせる」といったようなことをいって説得を試みたのですが、彼女は聞き入れてくれませんでした。今現在のオヤジの魅力に惹かれてしまったのです。

フラれたことはもちろんショックでした。しかし、それ以上に小僧の自分よりも圧倒的にお金を持っていて経験値もあるオヤジの魅力、そしてその恐ろしさというものを思い知らされました。そうしたオヤジのアドバンテージを感じたのです。冷静に考えてみれば、デートのときに食事するレストランも違うし、クルマも違う。きっともらえるプレゼントもぜんぜん違う。今の自分などにはとても太刀打ちできない……。

元来「コムスメ相手にはオヤジがモテる」ということはあったのかもしれませんが、私の場合は、その厳しい体験によって現実を実地に思い知らされました。小僧だった当時の自分がどれだけがんばっても、その格好よさなんてたかが知れていたのです。

その体験が30年後に、『ＬＥＯＮ』という形で結実することになります。そこにもっとカッコイイオヤジが現れたら、20歳の女の子を20歳の男が引き止められるはずがない。強力で戦闘力の高いオヤジが登場すれば、小僧なんか跡形もなくやられてしまう。だから、私は今『ＬＥＯＮ』を通じて、世の中高年の男性たちに対して、「あなた方は圧倒的な経験値があるのだから、そこいらの小僧に負けるはずがない」と主張しているのです。

駆け出し編集者の希望と不遜

大学時代は出版社でアルバイトをし、卒業後はフリーライターとしてクルマ関係の雑誌などで記事を書いていました。そこそこ食べられていて、出版という仕事の基礎はだいたいこの頃に学びました。

あるとき、婦人向けの高級ライフスタイル誌として有名な『家庭画報』などの雑誌を抱える世界文化社が、『ＢＩＧＭＡＮ』という会社として初めてのメンズ誌を創刊することになり、そのスタッフとして参加しないか、と私に声がかかりました。それまでの仕事を評価していただけたのだろうと思います。もちろん私も、新雑誌ということで面白そうだと思い、世界文化社に入社することにしました。

『ＢＩＧＭＡＮ』編集部で働いた数年間は、雑誌編集者としてのスキルを向上させる上で、また、「表現する」というスキルを磨く上で、私にとってとても重要な期間になりました。このときに人脈を大きく広げることができ、今日につながるいろいろな人と知り合うことができたのです。

当時は、出版界も日本そのものも好景気だったので、どんどん新雑誌を出してものにしていこうという積極的なムードが強く、そのための予算も充実していました。お金に関してはそれなりに余裕のある編集部だったので、あまり制約を感じずにいろんな人に仕事をお願いしたり、経費をかけた取材も行えて、いい経験をたくさん積むことができたと思います。そうして仕事のネットワークもどんどん広がっていきました。

『BIGMAN』では私はまだ駆け出しの編集者にすぎなかったので、基本的には編集長をはじめとした上司の指示に従って仕事を進める、という状況でした。しかしながら、内心では「俺が作れば、もっと面白くできるのに」といった気持ちも強く持っていました。

それは若い編集者にありがちな、「損得勘定なんてものはあまり考えず、自分の自己表現を達成できる本を作りたい」という願望です。もし自分が編集長になれば、すぐそうできるのにな……というわけです。

のちほど詳しく触れますが、いざ編集長になれば、確かに自分の雑誌で「自己表現」をすることは、ある程度可能です。しかしながら、現実には編集長は「儲からなかったらやめてもらいますよ」という会社のシビアな要求を、常に背後から突きつけられているのです。編集長になったからには、なんとしても本を成功させなければならない。成功とはなにかといえば、単に実売部数を多くするというだけでは不十分で、会社として、出版社として、また営利企業の商品として「利益」を出していくということです。

たとえ30万部売れていても廃刊する雑誌があったり、いくら作っても採算が合わないからやめる、という雑誌もあります。いかにして利益を出すかという命題に、編集長は常に向かい合わなければならない。そこが一般の編集部員との違いです。

当時は、私もまだそうしたことがわかっていませんでした。

株ブームにマンガでひと儲け

それからしばらく経ち、1980年代後半の世はバブル真っ盛りとなります。その頃私は、『BIGMAN』から派生した株式関係の書籍の担当を任されていました。当時は空前の株ブームで、素人もこぞって株投資に参入し始めた時期でした。

そこで、素人向けの株の本を作ることになりました。その類の本は、従来の活字だけで書かれたものはすでにいろいろ刊行されていました。同じような本を作っても売れそうにはありません。なにか特別な仕掛けはできないか、ということでよく調べてみると、マンガで解説したものはまだないことがわかりました。

そこで企画を考えます。難解な株に関する知識も、マンガにすれば一般の人にもわかりやすいのではないか。それならば、素人向けに株投資のノウハウを全編マンガで解説した本をやってみよう、ということで『まんが　あなたにもできる！　20万円からの株投資』というタイトルをつけて本を作りました。

そして、それが見事ヒットしたのです。

ちなみに、タイトルを「20万円からの…」としたのには裏話があります。本当は、キリのいいところで「10万円からの…」というタイトルにしたいと考えていました。実際、当初は一般のサラリーマンなどにとってもリアリティのある「10万円」という金額で、それさえ持っていればできる、ということで『あなたにもできる！　10万円からの株投資』というタイトルで進めていたのです。ところが、急激なバブル経済の盛り上がりによって、本を作っているあいだにも株価はどんどん上がっていってしまいました。

企画した当時は新日鐵の株がちょうど100円くらいで、10万円あれば1000株買えるかな、というところでした。ところが、バブル経済が始まってどんどん株価が上がって、動きが少ないといわれた新日鐵の株でさえ200円くらいになってしまった。それでは仕方がない、ということで『あなたにもできる！　20万円からの株投資』というタイトルに変えざるをえなかったのです。それくらい、株価の上昇が著しい時代でした。

そして、株の本を作るにも、自分もやってみないと本当の勘所はつかめないと思い、株専門のライターの方に教えてもらいながら、私自身も株取引を始めました。それもなかなかうまくいき、株で儲けを出す方法を知ることができました。

その余勢をかって、次に『まんが株四季報』という本を出します。これは、有名な『会社四季報』（東洋経済新報社）のマンガ版ともいえる内容です。ただし、銘柄は一冊で15社くらいに絞り、「この四半期で儲かる株はこれですよ。この会社の株が上がりますよ。なぜならば……」という情報をマンガで全部絵解きしていきました。

たとえば遊園地を経営する会社の株があったとすれば、そこが一部上場で、こんな面白いジェットコースターの構想があって、それが○○年頃に完成する。そうしたら売上げが伸びて、株価はきっとこうなりますよ、というようなことをマンガで解説しました。難しくなりがちな会社の経営情報を、誰にでもわかるようにしたのです。

企画が通って刊行にこぎ着けたところ、これも大ヒットしました。当初は1回完結だったのが半年に1回の刊行になり、最終的には年に4回刊行というヒット企画になりました。

その頃になると、私も頻繁に株の取引をするようになっていて、かなりの儲けを出すことができました。そのお金でイタリア製のバイクを買ったり、ヒストリックカーを買ったりしたのです。

バブル崩壊を危うく回避

しかし、そんなバブルもやがて崩壊のときが訪れます。バブル崩壊で膨大な損害を被った人も多かったと思いますが、私はたまたまそれを回避することができました。

バブル末期、世間ではまだまだバブルは続くと思われていて、私も株で儲かっていたのですが、あるとき株取引を全部やめることに決めたのです。

一つには、売り買いがあまりにも大変になってきたということがありました。今ではインターネットによる株取引が盛んですが、当時は電話を使うしかありません。しかし、まだ携帯電話もない時代です。仕事もあるし、夜も寝られません。

そして、株投資で自分の銀行預金の数字がどんどん上がっていくのですが、その数字を見てほくそ笑んでいる自分というものにふと気がつき、なんだかおかしいな……と思い始めたのです。お金はやっぱり貯めるばかりではなく、使わないといけない。貯めることばかりにこんなに忙しい思いをしていては意味がない。ひとまず、いったん株投資から手を引こう、と考えていたところに、ちょうど会社の上層部から「新雑誌を作るので、お前が編集長をやれ」という声がかかりました。

私にとって、これは大きなチャンスです。いよいよもう株なんてやっていられない。初めての編集長だから、仕事にもより性根を入れて取り組まないといけない。そこで、持っていた株をすべて売ることにしました。そして株だけではなく、イタリア製のバイクもヒストリックカーもすべて処分したのです。

そうしたら、なんとその直後にバブルがはじけたのです。結局私はことなきを得て、売り抜けたことになりました。

レースで覚えたスポンサー探しのノウハウ

ある出版社が新たにマンガ雑誌を創刊することになり、そこで漫画家を集めてバイクの8時間耐久レースをする、というイベントを開くことになりました。レースはマスコミ対抗という形でやるので、各出版社の皆様、どうぞ漫画家の方々をチームに入れて、ぜひみんなで参加してください、という趣旨でした。世界文化社には当時『パズラー』という雑誌があり、そこでマンガを描いている人がいたので声がかかったのですが、パズラーにはバイクに乗る人が誰もいませんでした。そこで、在籍は『パズラー』ではなく『BIGMAN』編集部だけれど、以前からバイクに乗っていた私が誘われて、別の出版社の方と組んで出場することになりました。

1チームにつき3名のレーサーという体制で参加するのですが、レースに出るからには、やはり本物のレーサーのように、スポンサーのステッカーをたくさんつけた揃いのツナギ

（レーシングスーツ）を用意したい。そのためには、スポンサーを募らなければなりません。私は必死になって企画書を作って、いろいろな企業を回りました。「『パズラー』ともう一つの雑誌のチームでレースに出場しますので、ついては応援してください」、と。

もちろん、パーティーレースのようなイベントに対して、単にステッカーを貼るだけでスポンサーが協賛してくれるはずがありません。そこで私は、「我々が持っている媒体の記事の中で、御社のブランドが表現されます」ということを約束することでスポンサーを取り付けていきました。つまり、スポンサーへ支援に対する明確な見返りを示したのです。

その結果、物品提供でツナギを作ってもらい、ヘルメットをもらい、オイルももらい、ブーツももらえることになりました。レースに必要ないろいろな装備を、スポンサーからの提供で賄ったわけです。そのスポンサーのマークをツナギに入れたり、バイクにステッカーを貼ったりして、小規模ながら本物のレースと同じ感覚でスポンサー集めに成功しました。

そして、いざレースが行われると、見事我々のチームが優勝してしまいました。

ところがなんと、そのレースを「年に何回かやるよ」といっていた出版社のマンガ雑誌が、創刊後3号ほどで早々と休刊してしまったのです。そうすると、レースと参加者の組織だけが残ってしまうことになる。これは残念だ。誰かが代わって運営してくれないかな……せっかくこうやってみんなが集まって楽しくレースをやっているのに、このまま終わらせてしまうのはもったいない。参加者の多くがそういう思いでした。

そして、その「誰か」ということをみんなで相談したところ、「それなら優勝した岸田さんのところがスポンサー集めもうまいし、やったらどう？」という話になりました。ちょうど私も、バイクのレースに対する熱が高まっていたところだったので、みんなの後押しもあることだし、ということでその役割を引き受けることにしました。

私はまず手始めに、レースで使う小さい50 ccのバイクをすべてメーカーに提供してもらうことにしました。

メーカーには、最初のレースから毎回、バイク30台とさらにメカニックの人も用意してもらう。万一レース中にバイクが壊れても、文句はいわないでご協力いただく。その代わり、参加した漫画家の方には、なんらかの形で必ず、それぞれ自分の作品の中でこのレースの模様を描いてもらう。

そういった内容の企画書を作って、二輪メーカーに頭を下げに行きました。

了解を得ることができたら、今度は個別のスポンサーとして、オイルメーカーやバイク関連の用品メーカーに同様の企画書を提出して、協力してもらいます。参加する人に対しても、参加費に見合う賞品などをそうしたスポンサーから提供してもらって用意しました。ですから、レースごとに、一位に入るとヘルメットがもらえたり、バイクのオイルやタイヤがもらえる。そういう形で大会運営をしていくなかで、場合によっては一レースまるごと冠スポンサーが取れたこともありました。

こうしてバイクレースはどんどん盛り上がり、成功を収めました。そして私は、その運営を通して「クライアントにとって有効な露出の場を媒体のなかで作ることができれば、スポンサーを募ることができる」ということを学んだのです。これもまた、のちに私が雑誌を作る上で、とても貴重な経験となりました。

なお、そのレースはうまくいっていたのですが、あるときパタっとやめてしまいました。ある日のレースで、レーサーが転倒して救急車を呼ぶことになってしまいました。レースはいつも小さな事故の連続で、みんな倒れては立ち上がってまた走り続けるのですが、そのときは転倒したレーサーの一人が失神してしまったのです。私はサーキットで放送をしていたのですが、「まてよ、もし重大事故が発生したら……」といった想像がサッと頭をよぎりました。

もちろんそのレースでは、オフィシャルや観客の整理・誘導用のスタッフなど、きちんと人を配備して万全な安全対策を敷いていたのですが、それでも主催者はあくまで私なので、もし深刻な事故が発生したら責任を免れることはできません。万が一、「会場にいた子どもがコース上に走り出て轢かれてしまった！」なんて事故が発生したら、大変なことになってしまいます。参加しているレーサーも、もし深刻な事故で後遺症が残ってしまったり、最悪の場合死者が出てしまったりしたら大変です。主催者である私に対し、損害賠償の訴訟が起こされるかもしれません。

そういうことを考えて、もうそろそろ潮時だなと思ったのです。レース自体はとても楽しかったので、残念ではあったのですが。

編集長としての初戦に完勝

前述の『まんが株四季報』などの本でヒットをいくつも出していたこともあって、おそらく当時の上司が見込んで推挙してくれたのだろうと思います。私は、若者向けのモノカルチャー誌である『Ｂｅｇｉｎ』の創刊編集長を命ぜられました。

ところが、のちに『ＬＥＯＮ』を作るときもそうだったのですが、編集長となる自分がいるだけで、ほかに人材は誰もいません。一からコンセプトも作らないといけない、スタッフもいない、というないないづくしのスタートでした。その後、人事異動で副編集長としてやってきたのは、仕事としては今まで絵本しか作ったことがなく、クルマにもファッションにも個人的にはまったく興味がないという人物でした（ただし彼は編集管理者として非常に有能で、のちに私の貴重な片腕となります）。そのあとに来た編集のスタッフも、ファッションもクルマもよくわからないという人ばかりでした。順風満帆とはとてもいえない環境で、『Ｂｅｇｉｎ』は始まったのです。

『Ｂｅｇｉｎ』を作るにあたって最初に私が決めたコンセプトは、「20代の若者男子に向かって、こうすれば楽しいですよ、という話をする」ということでした。そこに、前に触れた「費用対効果」という観点をしっかり絡めていけば、必ず読者はついてくる。そうした計算を立てていました。

たとえば、「クルマ」を扱う場合にはどうするか。当時の若者の憧れのクルマといえば、日産のシルビアやホンダのプレリュードでした。どちらも150万〜200万円くらいしましたが、それを長いローンを組んだりして買う若者がたくさんいたのです。そんなときに、『Begin』は「ちょっと待ちなさいよ」というわけです。36回ローンでシルビアやプレリュードを買っても、なかなか大変ですよ。よしんば無理をして買ったところで、結局みんなと同じクルマになるだけじゃないですか。

そこで、『Begin』は読者にこうアドバイスします。そんな大金を使うくらいなら「水色のカブトムシ」（フォルクスワーゲン・ビートル）の中古が30万円で手に入るので、そちらを買いましょう。でも、古いクルマなので壊れた場合のことを考えて、さらに30万円くらいを修理費にとっておく。そして残りのお金で、腕時計や靴やカバンやスーツといったものをちゃんと揃えましょう。

いざ、それらを手に入れたらどうするか。たとえば湘南へドライブに行くとします。当時の若者は、ほとんどが食事をするにも湘南のデニーズに行っていて、そこにはシルビアやプレリュードがたくさん停まっていました。しかし、同じような場所に同じようなクルマで行くのではなく、水色のワーゲンに乗って、デニーズの隣に「ラマレード茶屋」というフランス料理のレストランがあるので、そちらへ行きましょう。

たいていの女の子からすれば、クルマなんてシルビアやプレリュードなどよりも、水色のワーゲンのほうがカワイイと思うわけです。このように、こと「対女の子」に関しては『Ｂｅｇｉｎ』が提案する方法のほうがいいですよ、という点を追求していきました。

つまり、当時ほかのほとんどのモノ雑誌が単なるアイテムの羅列であるカタログのような誌面作りしかしていなかったなかで、『Ｂｅｇｉｎ』はあくまで企画を組み立てて誌面を作っていったのです。後述する時計の「つり革バトル」という企画も、そうした発想から出てきたものです。

このような誌面作りが功を奏して、『Ｂｅｇｉｎ』は大ヒットしました。世界文化社にとっても、男性向けの雑誌での成功はおそらく初めてだったのではないかと思います。そして、『Ｂｅｇｉｎ』がヒットしていた頃には、バブル経済はもう崩壊していました。もはや、モノがなんでも売れる時代ではなくなってきていたのです。出版界にも、厳しい淘汰の波が押し寄せ始めていました。

火のないところに煙を立たせる

『Ｂｅｇｉｎ』が起爆剤となったブームには、時計ブーム、スウォッチのブーム、カバンや靴のブームなどいろいろあります。

たとえば時計の場合ですが、『Ｂｅｇｉｎ』創刊当時はまだ多くの人が「時計なんか1個あれば十分じゃないか」と思っていました。そんな状況下では、まずコンテンツとして時計が面白いという話をしなければなりません。時計というテーマでいかにして読者を引っ張っていくのか。

もっとも有効な方策は、ブームを誘発させることです。そのためには雑誌自体が火付け役となって、火のないところに煙を立たせねばなりません。

そこで、「キミは電車に乗ってつり革を持ったとき、隣の人に腕時計で勝てるか？」といった話をすることにしたのです。

この時計の例に代表されるように、『Ｂｅｇｉｎ』では「モノで他人と差別化する」というテーマで毎号特集を作り、その手法が読者に支持されて売上げを伸ばしていきました。のちに、そこから派生した時計に特化した季刊誌として『時計Ｂｅｇｉｎ』という本も作り、これも大ヒットしました。

『Ｂｅｇｉｎ』を多くの読者に買っていただき、読者はそこから他人と「差別化」するための情報を得る。その結果、『Ｂｅｇｉｎ』で紹介した商品が売れる。商品を扱う企業は、その現象から雑誌の影響力に着目するようになって、スポンサーとして広告を出稿する。結果として本の売上げと広告収入という形で、我々出版社も売上げが上がる。『Ｂｅｇｉｎ』においては、この「読者」「クライアント」「出版社」の３者がすべて幸せになるという「ハッピー・トライアングル」が、見事なくらいに確立していきました。

第４章で詳しくお話ししますが、この「ハッピー・トライアングル」もまた、私の雑誌作りにおいて大きな指標の一つとなっていきます。

広告を取れない雑誌は続かない

続いて、私は『Car EX』という雑誌を作りました。

『Begin』では毎月いろいろな特集を組みましたが、そのなかで一番売れるテーマはなにかといえば、ダントツでクルマの特集でした。もちろん、クルマをテーマとして扱う場合も、先に触れた「水色のカブトムシ」のエピソードのように『Begin』なりの境地、つまりクルマ専門誌とは違った観点で特集を作るのですが、クルマを扱った号は常に完売するくらい売れていました。『Begin』の臨時増刊でクルマ特集号を作ると、それがまた売れる。

そうなると、会社としては当然、売れているテーマなのだからそれを基に独立した雑誌を作ろう、と考えます。つまり、クルマの専門誌を作ることになったのです。

ところが、私はこれに大反対でした。

なぜかといえば、専門誌にしてしまうと、「広告料金」が大きな壁になると思ったからです。たとえば業界内には、『Begin』のようなライフスタイル誌だと、クライアントが出稿する場合の料金はこれだけです、という広告料金のおおよその目安があります。ところが、クルマの専門誌ということになると、広告料金の設定はその半分くらいになってしまうのです。一流のクルマ専門誌と呼ばれるところでも、その例外ではありませんでした。『Ｂｅｇｉｎ』でクルマメーカーの広告をもらえば、ページあたりの売上げは、クルマ専門誌の倍くらいになるのです。

つまり、あくまで『Ｂｅｇｉｎ』の本誌、もしくは別冊でクルマを扱っている限りにおいては、クライアントはライフスタイル誌としての高い広告料を容認してくれます。しかし、それを専門誌として独立させてしまっては、もとのもくあみ。広告料金はほかの専門誌並みの水準に下がってしまうでしょう。

そもそも『Ｂｅｇｉｎ』のクルマ特集号がどうして売れていたかといえば、専門誌とは違った『Ｂｅｇｉｎ』独自の、ライフスタイル誌ならではの手の込んだ構成で作られているからでもありました。しかし、それには相応のコストがかかります。

クルマ専門誌の場合は、試乗会で取材を行い、原稿は専門ライターの方にお願いし、カメラマンもギャラはページあたりではなく日当でお願いする、といった専門誌特有のやり方で作っていることがほとんどです。その結果、編集経費はライフスタイル誌などと比べるとずっと少ない。だから、広告料金をそれほど高く設定しなくても採算が合うのです。

ところが『Ｂｅｇｉｎ』はライフスタイル誌のやり方で作っていますから、コストのかかり方が専門誌とは大きく異なっています。もしライフスタイル誌と同じ方法でクルマの専門誌を作るとなると、採算面で非常に厳しい状況に追い込まれてしまう。

それでも広告クライアントとしては、『Ｃａｒ ＥＸ』がクルマ専門誌である以上、当然『Ｂｅｇｉｎ』と同じ広告料金は払えないということになります。こうした点から、『Ｂｅｇｉｎ』から派生したクルマ専門誌というのは成り立たないと思い、私は反対しました。

最終的に創刊を決める社内会議の席上でも、編集長を任じられている私が反対論を唱え、やる気がないのかと上司からたしなめられました。最終的に、私は『Ｃａｒ ＥＸ』を創刊したのですが、結果はやはり失敗でした。販売部数はそれなりに上がったのですが、会社に利益をもたらすことはできませんでした。

原因はやはり、広告収入でした。『Ｂｅｇｉｎ』から派生した専門誌という見方をクルマ業界の人たちはしてくれるはずだ、という意見をいう人もいましたが、クライアントの側でも、クルマ専門誌となると担当する人が違う。となると、一般誌並みの広告料金はちょっと高いんじゃないか、という話になってしまいます。そういうこともあって、広告収入は最後まで目標とした数字に届きませんでした。

この『Ｃａｒ ＥＸ』での失敗を通じて、私は「いくら雑誌が売れて発行部数が増えたとしても、広告収入を含めての採算が合わなければどうしようもない」ということを痛感させられました。厳しい教訓ですが、その経験ものちに『ＬＥＯＮ』を作るときに生かされることになります。

第3章

LEON前夜・後半

――カリスマエディターの誕生譚

高級メンズ誌への挑戦

世界文化社在籍時には、『Ｂｅｇｉｎ』『Ｃａｒ ＥＸ』、さらに月刊誌の『Ｍｅｎ'ｓ ＥＸ』、季刊の『時計Ｂｅｇｉｎ』、『Ａｃｔｉｖｏ』といった雑誌の創刊を手がけました。

これらのうち、『Ｍｅｎ'ｓ ＥＸ』は『ＬＥＯＮ』と同じ男性向けの高級ライフスタイル誌です。この雑誌の創刊編集長を務めた経験が、のちに『ＬＥＯＮ』で大きく生かされることになります。

『Ｍｅｎ'ｓ ＥＸ』は、私がまだ『Ｂｅｇｉｎ』と『Ｃａｒ ＥＸ』の編集長を兼務していたとき、それまで長く心の中で温めてきた「家庭画報の男性版」というアイデアを社内で提案し、それが会社上層部に認められて世に出ることになった雑誌でした。

『家庭画報』は、女性誌として有数のプレスティッジを誇る雑誌です。発行部数もさることながら、なにより広告クライアントから強い支持を取りつけていました。そのブランド力を背景に、高級メンズ誌を作れば成功するだろう。なにしろ、『Ｂｅｇｉｎ』を通じてメンズブランドの広告クライアントとある程度の関係ができており、一方で高級ブランド品の広告クライアントとは、『家庭画報』を通じて長いつき合いがある。「男性向けの高級ライフスタイル誌」であれば、そうした出版社としての有利なポジションを最大限活用できる。少なくとも『Ｃａｒ ＥＸ』よりは成功する可能性が高い……そう考えたのです。

もっとも、時は１９９０年代初め、ちょうどバブル経済が破綻して長い不景気が始まった頃です。アパレル業界では価格破壊の「３万円スーツ」などが登場し、人気を呼んでいました。そんなご時世ですから、「高級ライフスタイル誌」などというアイデアは、当初はなかなか周囲の支持を得ることはできませんでした。広告部のスタッフに話をしに行っても、「今の時代に、そのゼニアのような30万円もするスーツを買う人がどこにいるんですか？」というわけです。今や、３万円のスーツが幅をきかせ始めている時代なのに、と。

しかし、それをいい出してしまえば、たとえばエルメスも安いバッグが出てきたらつぶれ、メルセデス・ベンツも安いクルマが出てきたらつぶれてしまうのか？　もちろんそんなことはありません。すでにその頃から、日本においても消費者の二極化は進んでいました。たとえ絶対数は少なくても、確実に読者を獲得できさえすれば、その富裕なユーザーを顧客としたラグジュアリーブランドが、広告クライアントとしてしっかり支えてくれるはずだ。そういう読みがあったのです。

ただ、社内的にはまだそこがなかなかわかってもらえなかったので、トップの強い支持のもと、プロジェクトを進めていくことになりました。

会社を移った理由

どんな分野の会社にも、それぞれに経営方針や事業戦略に違いがあります。出版界においても、それぞれその会社ならではの「戦略のカラー」があります。そうしたカラーの上で、いろいろなビジネスが成功したり、失敗したりしているわけです。

私は、幸いにも最初に勤めた出版社で、いくつもの雑誌の創刊を手がけ、なかには『Ｂｅｇｉｎ』のようなヒットを飛ばすこともできました。しかし自分の経験値が高まるにつれ、もしかしたらこの会社の「戦略のカラー」以外にも成功する方法があるのではないかと思わされるシーンにだんだん遭遇するようになりました。

とはいえ、そこは会社が伝統的に大切にしてきた「戦略のカラー」です。そのなかで、私がそれとは違う「戦略のカラー」を抱き、たとえ提案したとしても、なかなか会社上層部に採用してもらえないのは無理もありません。

私は常日頃から、「どういう雑誌、どういう企画が読者にウケ、儲かるか」ということを懸命に考えていました。それをもとにして社内でいろいろ企画の提案を行ったのですが、それが会社の上へと上がっていく段階で、幾人もの承認を得る、つまりハンコを繰り返しもらう「スタンプラリー」が行われることになります。

具体的には、上司のところへ企画を持っていき、そこでその上司がその企画を見て承認してハンコを押す、ということが繰り返されます。たとえば、一般編集部員から企画が出たとしたら、まずは編集長へ行ってその後局長へ行き、編集統括担当へ行き、役員を何人か回り、最終的に社長のハンコをもらう。こういうプロセスを経ることになるのです。

しかし、ハンコを押す人には、企画が回ってきて自分のハンコをつく限りは何か意見をいう義務があります。そのときに発案者と少し考えが違う場合、修正を加えた上でハンコを押す。そうすると、スタンプラリーを経るうちに、企画が本来の私の狙いとはどんどん違うものになっていってしまう。たとえ通ったとしても、当初の戦略から大きくズレたものにされてしまっている。そういうケースをだんだんと経験するようになりました。

これはどこの出版社、ひいてはどこの会社もそうだと思いますが、まずその会社の「戦略のカラー」があり、それ以外のビジネスはうまくいきそうもない、とされて新規の企画やアイデアがはねられるということは多々あるでしょう。私は、自分が信じる「より成功する可能性が高いビジネス」を実現するために、そんな会社の「戦略のカラー」にときには手練手管を尽くして挑戦したりもしたのですが、だんだんと限界を感じるようになっていました。

そんなときに私に声をかけてくれた会社がありました。私はそのとき、自分が信じる雑誌作りの戦略に思う存分取り組めるような環境を強く求めていたので、悩んだ末に思いきってそちらへ移ってやり直すことにしたのです。

いざ新天地へ

移籍先は、世界文化社と同じく、女性誌を得意とする出版社の主婦と生活社です。

そもそもなぜ、主婦と生活社は、私を必要としたのでしょうか？

当時の主婦と生活社は、「雑誌というのは多くの読者を確保して部数を上げ、販売収入で儲ける」、そして「部数がたくさん出れば、必然的に広告も入ってくるであろう」というビジネスモデルを持っていました。これは、もっとも古典的な出版ビジネスの手法といえます。しかし、これは主婦と生活社に限りません。今でもそうした考え方を基本として持っている出版社はたくさんあります。

実際、主婦と生活社の雑誌の中には、そうしたビジネスモデルで成功を収めているものもいくつかありました。『週刊女性』、『すてきな奥さん』といった主力の雑誌は、過去に記録的な大部数を実現したこともあり、今日でも数十万部以上の発行部数を誇っているのです。

私は、そうした大部数を達成することを第一目的に掲げたビジネスモデルを、個人的に「出版原理主義」と呼んでいます。主婦と生活社もまた、そうした「出版原理主義」に染まった典型的な出版社の一つでした。

しかし、多くの出版社がそこから抜け出せずにいるなかで、主婦と生活社の経営陣は、「それだけではいけない」という危機感を抱き、その打開策を探っていました。

まず一つは、これまでは、「部数第一」という古典的なビジネスモデルで戦ってきた。たとえば、すぐ近くにある有名な雑誌出版社との比較でいえば、主婦と生活社の主力雑誌の販売部数はそこのものより一桁多い。ところが、広告収入を見てみると、逆に一桁少なくなっている。このままではいけない。主婦と生活社としても、たとえ絶対部数は少なくても、広告収入がきちんと稼げる雑誌が欲しい。

もう一つは、主婦と生活社も基本的に女性誌を中心に刊行してきた出版社で、メンズ誌に対する経験が少なく、過去に何度か取り組んでもなかなかうまくいかなかった。しかし出版社としての将来を考えると、できればメンズ誌分野にも進出したい。

そういう会社としての大きな課題があり、そのための人材として、私に白羽の矢が立てられたというわけです。

世界文化社でも、強力な女性誌が揃うなかでなかなかメンズ誌が成功できずにいた頃、私は『Ｂｅｇｉｎ』を立ち上げて成功させることができました。主婦と生活社なら、今までの経験をフルに生かすことができる、と考えたのです。

さっそく難問に直面

入社する前に、当時の編集担当常務と話し合って、新しく作る雑誌のビジネスプランを会社に提出しました。

具体的には、おおよその目安として、部数と広告収入は1年目でこれぐらい、2年目でこのぐらい、3年目でこのぐらいといった年次単位の数値を掲げ、ついては創刊にこれくらいのお金が必要ですよ、という形のプランを作りました。それではこれでいきましょうと双方完全な合意ができたところで、主婦と生活社に移籍しました。２０００年の暮れのことです。

雑誌をヒットさせる上で重要な要素は、「本を売る能力」「広告を取る能力」、そしてもちろん「売れる本を作る能力」です。実際に入社してみると、こと本を売るという能力に関しては、主婦と生活社の販売部は相当なものでした。さすが大部数を出す雑誌を抱えている出版社だけのことはあると、この点では感心しました。

ところがその一方で広告部のほうは、少なくとも私がこれから作ろうとしているクオリティライフ誌・高級ブランド誌のジャンルで広告主を見つけるという活動においてはほとんど経験がなく、そのためのスタッフも揃っていませんでした。

なにしろ主婦と生活社は、これまで「出版原理主義」でひたすら突っ走ってきた会社です。広告部のスタッフの考え方も「まずは発行部数ありき」で、出した雑誌が大きく売れた時点で、その評判を聞きつけて広告を入れたいと思ったクライアントに対し、代理店とともに対応していけばいい……そんな単純な仕事のやり方を採っていました。極端ないい方をすれば、単にクライアントの広告部、もしくは広告代理店に対する窓口と化していて、積極的に本のコンセプトを代理店なりクライアントにプレゼンテーション・説明して営業するということは、ほとんど行っていない状況でした。

『LEON』を成功させるためには、まずそんな広告部の考え方から変えていかなければなりません。しかし、当時広告部で『LEON』の戦略の話をしても、ほとんどのスタッフは「そんなやり方で広告が集まるんですか?」という懐疑的な反応しか示してくれませんでした。これには私もかなり落胆したのですが、新雑誌を立ち上げる上でこの点はどうしてもクリアしておかねばならない重要なポイントであるため、ときには檄も飛ばしながら、広告部のスタッフみんなに私の雑誌の戦略を、嚙んで含めるように説明していったのです。

創刊に向けての修羅場

次なる難題は、雑誌を作るための編集スタッフです。当初、編集スタッフは私一人だけでした。そこから次第に、スタッフを集めていきました。

まず、以前勤めた会社からスタッフを連れてこようと考えました。ところが、私が『Ｂｅｇｉｎ』などの雑誌で示した実力はわかっていても、移った会社のその面での能力が未知数ということがネックになって、声を掛けてもなかなかいい反応が得られない。つまり、主婦と生活社の当時の販売・広告部の体制で、私が立ち上げようとしているクオリティライフ誌というコンセプトを実現できるものなのかどうか、はたから見えづらかったということでしょう。誰もが及び腰で、結局たった一人しか来てくれませんでした。

そうなれば、残りのスタッフは別のところから引っ張ってくるしかありません。この時点で、『ＬＥＯＮ』のスタートはある種の「ゲリラ戦」でやるしかない。飛びぬけて優秀な人材を集めて、充実したスタッフで戦うというのは無理だな、と覚悟が決まりました。

しかしこれは、第2章でお話ししたとおり、そもそも最初に『Ｂｅｇｉｎ』を創刊したときも似たような状況だったのです。会社としてメンズ誌分野での成功体験がほとんどないなかで、強力なライバル誌を見据えた雑誌を作ることになりましたが、いざスタッフを集める段階では社内から何人か来てくれたものの、頼りにできるような人材は一人もいませんでした。それでもなんとか立ち上げて、成功に導くことができたのです。

そうした過去の経験もあって、『LEON』のスタート時には「それでもなんとかなるだろう」と考えていました。私には、自信とうぬぼれがあったのです。

第4章で詳しくお話ししますが、この「うぬぼれ」というのは、「雑誌を作るのに特別優秀な人間はいらない」という私の信念から発しています。具体的には、他誌で成功し、すでに仕事の面で認知なり評価を得たことがある人材というのは、自らの仕事のやり方に頑固な哲学を持ってしまっていることが多い。そういう人材は、部下のスタッフとしてはかえって使いにくい場合があります。評価を得た人間はその体験が自信になっている。それはよいことでもあるけれど、その自信だけで仕事をやってもらったら、私が描いている方向から雑誌がズレてしまう可能性がある。

私は雑誌作りにおいて、他誌を手本とするつもりはなく、常にオリジナリティを大切にします。そのためには、私の考え方をスタッフに深く浸透させることがなにより重要で、その前提として、一から十まで編集長のいうことに耳を傾ける、そういう人材が私には必要だったのです。他の雑誌での実績などは重要ではありません。場合によっては邪魔にさえなる、と考えていました。

まずは前の会社から1人、社内から数人、競合他社の編集部から何人か集め、あとは編集プロダクションなどから人を呼んできました。そのなかには、女性ファッション誌『ハーパース・バザー日本版』（エイチピー・ジャパン刊）の初代編集長という素晴しい経歴の人もいました。たまたま『ハーパース・バザー』を2年やって外れ、当時責任ある仕事から離れていたので、じゃあ一緒にやりませんかとお誘いして私のところに来てもらったのです。

しかし、そんな彼女に対しても、私は念を押しました。「私は、あなたが今まで作ってきたようなステレオタイプなモード誌で成功するとは思っていない。いったんその方法論は忘れて、私の指示を尊重してくれるなら、ぜひ一緒に働いてもらいたい」と。

そのようにして、スタッフに関しては私の考えを徹底しながら集めていきました。

とはいえ、これであとは順風満帆にうまくいった、というわけではありません。なんとかスタッフを集めて『ＬＥＯＮ』のスタートへ向けて準備をしていましたが、創刊準備号から創刊号にかけてのあたりというのは、想像を絶するほどに忙しく、精神的にも過酷です。雑誌を創刊するときはどこでもそうだと思いますが、思い返しても本当に大変な状況でした。さらにもう一つ、「ＬＥＯＮ流」というオリジナリティを追求する過程で、そのコンセプトや私の方針をどうしても理解できないスタッフも出てきました。

その結果、創刊にこぎ着ける前に抜けてしまったスタッフも何人か出て、慌ててまた新しいメンバーを集めてくる、といったことも経験しました。

しかし、幸いにも、私はそうした修羅場には慣れていました。その過程で傷ついてやめていったスタッフたちには気の毒だと思いますが、そのぐらい雑誌の創刊とは過酷なものなのです。私はそのことを、それまでの経験で熟知していました。

これがたとえば最大手の出版社の場合であれば、新雑誌創刊に向けて、資金が豊富に与えられ、人材も手厚く準備されている、といったように編集長にとって働きやすい「お膳立て」が整っていたりするのかもしれません。しかし、私は整っていないのが当然だと思っていました。私が働いた中堅クラスの出版社では、雑誌の創刊編集長を引き受けるということは、だいたいそういう修羅場を体験することでもあったのです。

そもそも、お金と人材が揃っていたらそれで雑誌は成功するのかといえば、そんなことはありません。最終的には、そうした混沌とした時期にこそ編集長のリーダーシップが問われます。たとえどんなに厳しい状況に追い込まれても、そのようなポジティブな考え方を棄てないようにして、私は『LEON』創刊に向けて突き進んでいきました。

高級であれども実用

『LEON』を作るときに考えたことは、一つは「狙ったターゲットに対して、あくまで実用的な本にする」ということでした。今はもう入れてはいないのですが、創刊号から最初の数号では、表紙の端に「クオリティライフ実用誌」というキャッチフレーズが入っていました。あなたにとって『LEON』は真に役に立つ雑誌ですよ、ということをいわんがために、「実用誌」という表現をあえて入れたのです。

もう一つは、「必要なのは、〝お金〟じゃなくて〝センス〟です！」ということ。これは今でも表紙に入っていますが、お金をたくさんかけなくても、目利きの知恵とノウハウがあれば、大いなる結果（効果）を得られる、ということです。これが『LEON』の二本柱で、今も変えていません。

ポジショニングとしては、読者ターゲットを可処分所得がかなり高めな40～50代のミドルエイジに置き、そうした読者のためのライフスタイル誌という定義で進めていきました。しかし、漠然と「ミドルエイジで可処分所得が高い」といっても、その頃にもすでに同じようなところをターゲットとしたメンズ誌がたくさん出ています。ただ、どれも部数にして5万部もいってなかったのではないでしょうか。少ないものだと1万部そこそこでしょう。

業界自体からも、男性向けのライフスタイル誌というのはそんなに部数がいくものじゃないと考えられていました。実際、当時は既存の雑誌の広告売上げも大したものではないという状況だったのです。しかし、それは結局作り手の側の笛の吹き方が悪いのであって、うまく吹けば読者は集まるだろう。そしてその結果もっとモノも売れていくはずだ。そうすればおのずと広告収入も増えていく。私はそういう戦略で行けばいいと考えていました。

これも、一種のうぬぼれかもしれません。他の人にはこれまでできなかったけれど、自分がやればうまくいくに違いない、と思っていました。『LEON』が成功した今では、それを私の「大いなる自信」と称えてくれる人もいるかもしれませんが、当時の状況を客観的にとらえれば、やはりそれは「うぬぼれ」にすぎなかったかもしれませんね。

サンプルイシュー

さて、創刊に向けてスタッフもなんとか揃いました。いよいよ創刊号を作ることになるわけですが、いきなり創刊号を出してもうまくはいきません。そこでまずは「サンプルイシュー」というものを作ります。サンプルイシューとは、表紙などの外観は本物とほとんど同じなのですが、中身の半分以上は印刷されない白ページになっていて、一部にだけサンプルとして記事が載っている、いわゆる見本誌と呼ばれる冊子です。

どうしてサンプルイシューが必要になるのかというと、広告代理店やクライアントに、「今度『LEON』という雑誌を創刊します。見てくれの雰囲気はこのような感じで、誌面のデザインはこのような感じで、記事や特集はこのように作って……」というプレゼンテーションをするために使うのです。広告代理店やクライアントへの説明用には、他に「媒体資料」というものも作成するのですが、これは新雑誌のコンセプトや内容について概略を紹介した一種の宣伝パンフレットです。これだけでは雑誌の具体的なイメージは抱けません。そこで、重要な雑誌の創刊時には、媒体資料とともにサンプルイシューを作る場合が多いのですが、『ＬＥＯＮ』のサンプルイシューは、制作に力を注いでかなり丁寧な作りにしました。

なぜならば、雑誌のコンセプトを早い段階から多くの人にきちんと知ってもらいたいと思ったからです。また、このサンプルイシューを配布する対象は、単に広告代理店やクライアントだけでなく、社内の他の部門や部下のスタッフを含めた制作関係者も含まれていました。なるべく早く形になったものをみんなに見せて、私の戦略を理解してくれる人を一人でも増やし、創刊に向けて弾みをつけたいと考えていました。

そうしてできたのが、パンツェッタ・ジローラモ氏を表紙に起用して「何もなくても、生きていける」「あったら、もっと楽しく生きていける」というキャッチをつけたサンプルイシューです。私はこれを持参して、広告営業の担当者とともに、各広告代理店や主要なクライアントを回って歩きました。

LEONサンプルイシュー　第1表紙

LEONサンプルイシュー　第2表紙

創刊準備号と「ブルガリおしぼり」

　このサンプルイシューが刷り上がったのが、『ＬＥＯＮ』創刊の半年前、２００１年３月のことです。私はサンプルイシューと媒体資料を持って、広告営業担当者とともに広告代理店やクライアントを回ってプレゼンを続けます。そして３ヶ月後の２００１年６月に、創刊準備号の刊行にこぎ着けました。

　創刊準備号は、実際の創刊の前にテスト的に販売する雑誌です。サンプルイシューと違って書店で実際に販売するので、もちろん白ページもなく、広告もすべて本物が入っています。従来は、「サンプルイシューを作ったら創刊準備号は作らない」とか、「創刊準備号はあくまでサンプルで、実際に売ったりせずに、すぐ創刊号に入る」とか、あるいは「サンプルイシューなしで創刊準備号だけを作る」というケースが多かったのではないかと思います。しかし、『ＬＥＯＮ』の場合はこれらすべてを作り、創刊準備号も実際に書店に並べました。

　そこまでしたのは、なにしろ主婦と生活社にとってこの種の雑誌を刊行するのは初めての経験であり、男性向けの高級ライフスタイル誌としてビジネスをきちんと成立させるためには、そういう手順を一つ一つきちんと踏みながら、広告代理店やクライアントのみなさんに、『LEON』のコンセプトと雑誌編集者としての我々の能力をしっかり認知してもらうことが大切だと考えたからです。

同時に、3月のサンプルイシュー、6月の創刊準備号と、3ヶ月おきという比較的短いインターバルで媒体制作をこなしていくことで、編集部員をはじめとしたスタッフの練度が上がり、9月の創刊（月刊化）に向けての体制が整備されていくだろう、という読みもありました。

その頃の私は、『LEON』の創刊に向けて、できることはすべてやっておきたいという気持ちでいっぱいでした。主婦と生活社は資金豊富な巨大出版社というわけではありませんから、新雑誌創刊に際して大宣伝を打ってくれて、ビジネスとして利益を出すようになるまで何年も待ってくれる、という具合にはいきません。勝負は創刊からの半年〜1年のあいだに決します。そこでうまくいかなかったら『LEON』はおしまいだし、雑誌編集長としての私のキャリアもおしまいでしょう。しかも雑誌というものは、一度始まってしまうと途中で方向を修正するのはなかなか難しいのです。ですから、もっとも大切なのは創刊までだ。

それまでに、私のこれまでの経験、私がこれまでに蓄えたノウハウを総動員して、できるだけのことはやっておこう。そんな決意を私は抱いていました。

なにより幸いだったのは、創刊に向けての作戦の立案・実行に関して、主婦と生活社が、ほとんどすべてを私に委ねてくれたことでした。その点では、編集長であっても、会社の「戦略のカラー」のなかでしか采配を振るうことができなかった前の会社とは、大きく異なっていました。前の会社では、雑誌の名前をはじめ、特集のタイトル、本のページ数といったことまで、他の関係部門と調整し、会社首脳の判断を仰ぐということが決まりになっていました。ところが主婦と生活社では、そうしたことすべてが私の裁量に任されたのです。さらに加えて、外部から新たに募るスタッフの人選や、サンプルイシューから創刊準備号～月刊化に至る基本スケジュールなども、完全に私の意向どおりになりました。この責任範囲の大きさに最初は戸惑ったりもしましたが、そのうち慣れるにつれ、なんでも自分で決められる自由を非常にありがたく感じ始めました。

これはおそらく、主婦と生活社がそれまでメンズ誌も、高級ライフスタイル誌も手がけたことがなかったという怪我の功名でもあったわけですが、会社からの厚い信頼があったからこそ、私も幾多の修羅場を越えてがんばり切ることができたのです。

ところで、私はその頃から「部数」というものをあまり重視していませんでした。この手のライフスタイル誌の場合、何万部売れようが、それ自体はビジネス全体にとって、絶対といえるほどには重要なことではありません(もちろん、売れるに越したことはありませんが)。大切なのは、ライフスタイル誌として、いかに絶大な「存在感」、「権威」、もしくは「ブランド力」といったものを確立できるかということです。

ライフスタイル誌が成功するか失敗するかは、結局のところ人々の消費動向にどれほどの影響力を発揮できるか、という一点にかかっています。その面で影響力が高ければ、紹介したアイテムが実際に市場で売れるようになる。いわゆる「読者のレスポンス」が向上する。そうしたレスポンスのいい本には、広告が入りやすい。広告がたくさん入れば、販売部数がそれほど多くなくても、ビジネスとしては成功です。

どのみち主に「高級ブランド品」を扱う雑誌であれば、おのずと読者は絞られて、何十万といった大部数は望めない。そうなれば、広告が入るかどうかが、雑誌の生命線になる。ですから、狙いは一にも二にも「レスポンス」のいい本にする。そういう、広告クライアントを意識した本作りを最初から心がけていました。

創刊準備号は実際に書店で売られるので、当然そこには広告が入ってきます。広告をいただくためにクライアントを回ったところ、「岸田さんがやるなら、じゃあ」ということで、私の実績を評価して真っ先に広告を入れてくれたラグジュアリーブランドもいくつかありました。ところが、多くのクライアントは「雑誌としての実績がないので、もう少し様子を見させてください」という反応です。もちろん、これは仕方のないことです。

そんなことから、創刊当初の『ＬＥＯＮ』は、今と比べると広告ページも少なく、まだかなり薄い本でした。当時の『ＬＥＯＮ』は、１５０ページくらいが編集ページで、残りが広告という合計１８０ページくらいの雑誌でした。つまり、当時の広告は30ページくらいです。それでも、クライアントから定価に近い広告料金をいただければ、採算は合う計算になっていました。部数は、３万部発行して、その6～7割売れれば採算が合うという基本設計です。

このように様子見のクライアントが多いなかで、私の実績と『ＬＥＯＮ』の戦略を理解して、惜しみない協力をいただくことのできたブランドの一つがブルガリでした。この創刊準備号に付録としてつけたブルガリの「おしぼり」は、当時かなりの話題を集めました。

LEON創刊準備号　表紙

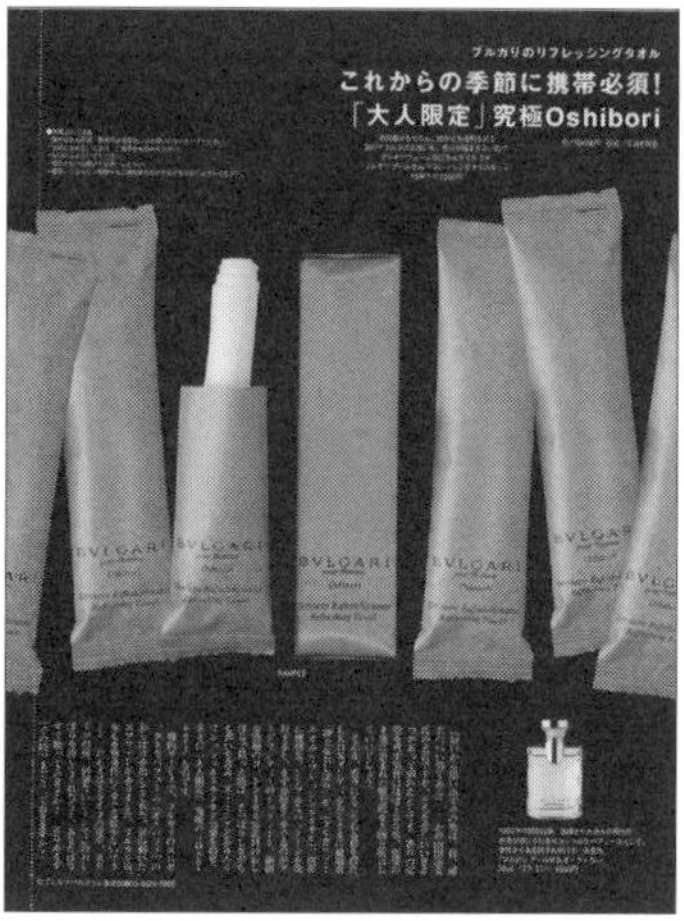

LEON創刊準備号　付録（ブルガリおしぼり）

このブルガリおしぼりの企画自体は『ＬＥＯＮ』の発案でしたが、そのためには、雑誌の発行に間に合うようにクライアントに大量に商品（おしぼり）を提供してもらったり、雑誌に特別な加工を施したりしなければなりません。実現するのはとても大変なことでした。しかし、実力が未知数の雑誌の創刊準備号においてブルガリのようなトップブランドにタイアップしてもらえるならば、それだけで大いに「箔」がつきます。どんなに大変な思いをしても、たとえ費用が持ち出しになっても実現させたい類の企画でした。そこで実際にスポンサーとして協力をいただけたブルガリには、今でも感謝の気持ちでいっぱいです。

また、このとき我々にとって幸運だったのは、ある大手の広告代理店に私が以前から懇意にしていた人物がいたことでした。彼は、この少し前に雑誌部門に異動になり、その担当にたまたま主婦と生活社が含まれていたのです。その彼が積極的に動いてくれたおかげで、ブルガリとの企画もうまく進めることができました。

当時は高級ブランドの多くが、「この手のライフスタイル誌というのはあまり売れるものではない」というイメージを持っていました。そのため、『ＬＥＯＮ』の創刊に対して最初様子見というところが多かったのは無理のないことでした。そうしたなかで、このブルガリやグッチ、さらにクルマのメルセデス・ベンツといった第一級のブランドが最初から広告を出稿してくださったことは、『LEON』の船出にとって力強い助けになりました。

私は、こうしたクライアントの温かい支援を、今もとてもありがたく思っています。

LEON創刊

2001年9月、いよいよ『LEON』創刊です。

創刊のときに考えたことは、現在の『LEON』のコンセプトと変わりません。

それまで、メンズのライフスタイル誌が展開していた企画というのは、あとから詳しく触れますが、「その道」を究めることを目的とした「なんとか道《どう》」の話ばかりでした。「クラシコイタリアの真髄」や「クルマを究める」といったような、建前と取り澄ましのタイトルがつけられ、ファッションにしてもクルマや時計にしても、スタイル論やメカニズム解説といった「オタク」っぽい話題に終始していたのです。

しかし、本当に読者はそういったものを求めているのでしょうか？　現実にメンズ誌があまり売れていないということは、むしろそういうものでは読者は惹きつけられないということなのではないでしょうか？

ならば、なにが求められているのか。

結局のところ、ライフスタイル誌の読者が持つ本音の欲求は、「人によく思われたい」「いい格好がしたい」。そういうことではないだろうか。さらに突き詰めれば「異性に魅力的に思われたい」。男であれば「女性にモテたい」。そういった願望が心の底にあるのではないだろうか。だからこそ、大枚をはたいてラグジュアリーアイテムを手にするのだし、そういうものを紹介している雑誌も買う。

私はそうした確信を持って、この創刊号を世に送り出したのです。

大事なことは、「モテるためにはこれがいい」というモノを、直接的な表現ではなく、それとなくわかる形で紹介していくことだと思いました。高額所得者を対象にしたライフスタイル誌を作る場合には、「品」と「格」といった要素が重要です。最初からあまり直接的に「モテるためにはコレ！」といったような単刀直入な話をしてしまうと、その品と格を損ないかねない。露骨にはせず、ジワジワと進めていく。

LEON2001年11月号（創刊号）　表紙

LEON2001年11月号（創刊号）　本文

そのために、創刊号からその方向性を少しずつ表現していったのですが、3号目くらいになってそろそろ『LEON』の認知度も上がってきた。そこで、ここが勝負どころだと判断して、4号目の2002年2月号で思い切って次のステップに踏み出しました。

創刊第4号の大勝負

それが、『LEON』にとって最大のヒットテーマとなる「モテるオヤジの作り方」という特集でした。「モテる」という本音の話に収斂した企画に取り組んだのです。

今でこそ「モテる」という言葉も「オヤジ」という言葉も、ごく一般的に使われるようになっています。しかし、当時はとてもそんな状況ではありませんでした。「モテる」という言葉やその意味も、またそもそも読者に対して「オヤジ」という言葉を使うこと自体、読者からの反発やクライアントからのお叱りをいただくかもしれないと思っていました。

さまざまな面で、この号の特集は私にとっても大きな賭けでした。

『LEON』は、メンズのライフスタイル誌という既存の土俵に割って入っていこうという雑誌なので、先発のライバル誌と同じではいけない。他の雑誌と同じ表現形態やコンセプトでは勝てない。しかし、この内容なら必ず読者の目にとまる。

同時に、これでダメならダメだな……とも覚悟していました。ここまで露骨な表現を打ち出せば、反応がないということは絶対にない。その結果は吉と出るか凶と出るか。いずれにせよ不退転の決意でこの号を送り出したのです。

結果として、この「モテるオヤジの作り方」を巻頭特集に置いた2002年2月号は大反響を呼び、見事完売します。私は賭けに勝利し、『LEON』という雑誌のコンセプトは読者に十分受け入れられるものであることが証明されたのです。『LEON』の人気に本格的に火がついたのは、ここからです。

もちろん、先ほどもお話ししたように、当初は「モテるオヤジの作り方」というタイトルを見て、(直接的には聞きませんでしたが)きっと「なんだこの下品な特集は!」という不快感を示したクライアントもあったのではないかと思います。

当時、『LEON』がクライアントに出す企画書や特集の説明などは、まだ当たり障りのない表現で書き、「モテる」「オヤジ」などといった言葉はわざわざ消していたりしました。

LEON2002年2月号　表紙

LEON2002年2月号　本文

クライアントや広告代理店に渡す年間特集予定表も、この頃は当たり障りのない表現を使うようにしていたのです。

ところが、「モテるオヤジの作り方」の号が完売します。この号が確実に売れたということは、つまりそのコンセプトに対する共感者、共鳴者が確実にいたということです。

そうなれば必然的に、記事に対するレスポンスも増えることになる。実際、「モテるオヤジの作り方」の特集を見て、そこに紹介されているクライアントの商品を買う読者がたくさん現れてきました。

その後も『LEON』が取り上げた商品に関する問い合わせがクライアントに殺到するようになり、商品が次々と完売していくという現象が頻繁に起こるようになってきました。こうなってしまうと、クライアントも『LEON』を無視できない。彼らの側から、「ぜひうちの商品も紹介してください」という要望が出てくるようになります。その結果、「我々も広告を出しますから」ということになって、連鎖的に広告主がどんどん増えていきました。

もっとも、どんなに当たった企画でも、あまり続けていくとマンネリとなり、陳腐化してしまいます。

そこで、「モテるオヤジの作り方」に続いてさらに新しいコンセプトを提案することにしました。それが、２００３年11月号の特集で初めて打ち出した「ちょい不良《ワル》オヤジ」というテーマです。

なぜ「ちょい」なのか、なぜ「不良《ワル》」なのかというと、品行方正で毒のない優等生よりも、ちょっとワルそうな感じの男、アブナそうな男のほうが面白いし、女性にモテるモテないという視点でいえば、そっちのほうがモテるだろうと思ったからです。

でも、本当に悪い人では困るので、ちょっとだけ不良というニュアンスを出すために「ちょい不良《ワル》オヤジ」というキャッチを作ったわけです。

これは、次にお話しするパンツェッタ・ジローラモ氏をなぜ表紙に起用したのか、ということにもつながっています。

LEON2003年11月号　表紙

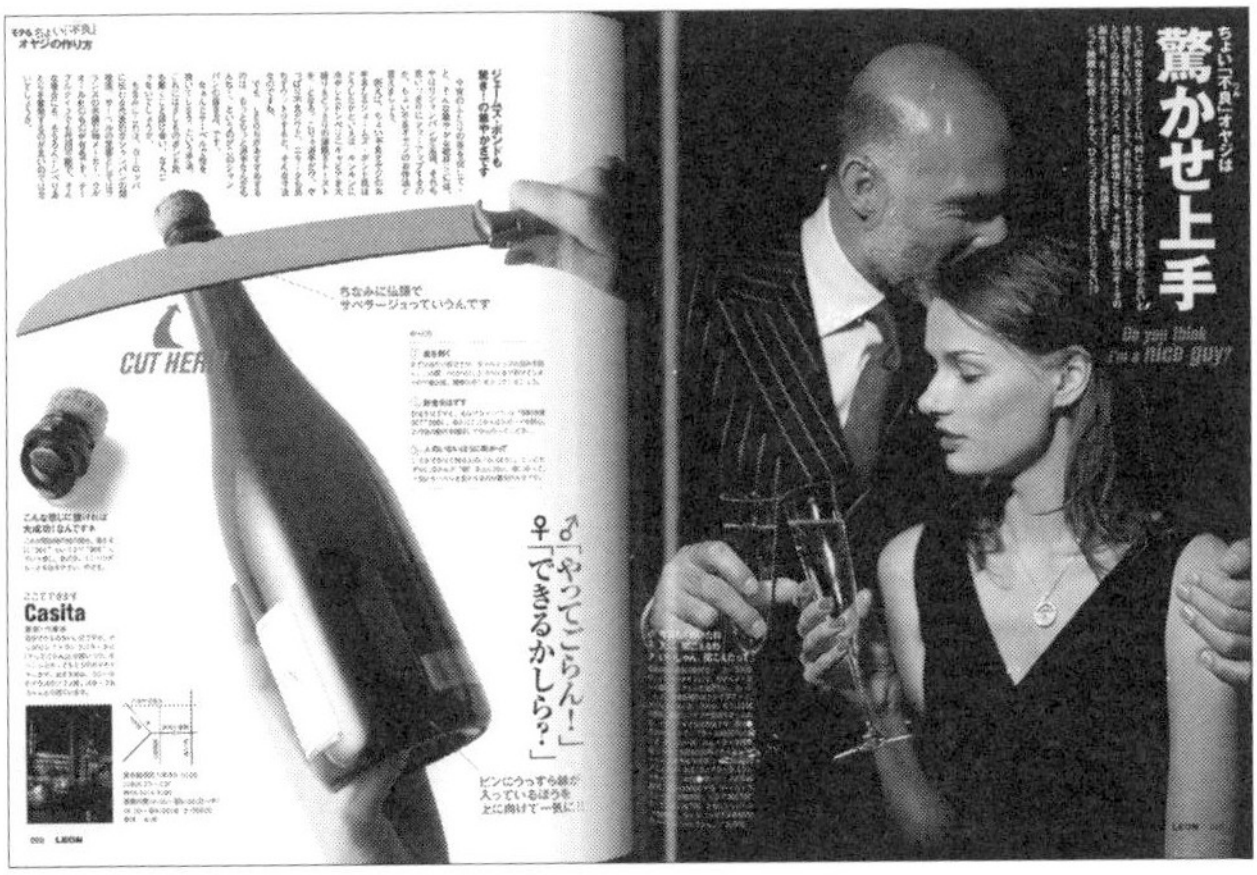

LEON2003年11月号　記事

ジローラモ氏との幸運な出会い

『ＬＥＯＮ』は、創刊号から現在も一貫して、表紙のイメージにパンツェッタ・ジローラモ氏を起用しています。

ジローラモ氏の起用は、前述のサンプルイシューのときから始まっていますが、なぜ彼でなければならなかったのかについては、私なりの明確な理由がありました。

私は、最初から『ＬＥＯＮ』を「二枚目取り澄まし」の建前主義的な本にするつもりは毛頭ありませんでした。読者の本音に触れる、高度に実用的な雑誌にしたかったのです。表紙に取り澄ましたハンサムなモデルや二枚目の俳優を登場させても、そうしたビジュアルは世の中に腐るほどある。だから、もっと個性的なものにしようと考えました。

もう一つは、二枚目ハンサムで取り澄ました男が現実にモテるかといえば、決してそうとは限らない。むしろ、実際には二枚目半くらいでちょっとお茶目な男のほうが女性にモテるはずだ、という確信がありました。

そんなことを考えつつ、誰かいい人はいないかと探していたところ、ジローラモ氏に思い至りました。ジローラモ氏は、テレビに出演しているのを見ていても、ウイットとユーモアに長けていてとても面白い。ぜひ彼にお願いできないか。

その頃、我々はすでにサンプルイシューの制作に取りかかっていたのですが、そこで私が意図したビジュアルは、登場人物がパンツ一枚になり、「何もなくても、生きていける」というメッセージを伝えるというものでした（91ページ参照）。ですから、そんなカットを撮らせてくれるようなウイットがわかる人であることが、どうしても必要でした。

ジローラモ氏とはそれまで会ったことがありませんでしたが、マネージャーを通して初めて話したとき「こういう本を作りたい」という雑誌のコンセプトを説明しながら、サンプルイシューの表紙の撮影ではパンツ一枚になってほしいと頭を下げて率直にお願いしました。とにかく私としては、二枚目ではなくて二枚目半がモテますよ、というメッセージを、彼の起用を通じて読者に送り届けたかったのです。

するとジローラモ氏は、即座にその面白さを理解してくれたのです。とても幸運なめぐり合わせでした。

同時に、当時は「クラシコイタリア」というイタリアファッションのブームがあって、イタリアブランドがだんだん売れ始めた時代でもありました。『LEON』は、必ずしも毎号がイタリアに依拠した内容になっているわけではありませんが、素敵な商品がある国はイタリアで、イタリアンスタイルが人々の憧れという時期だったので、当分のあいだイタリアを軸にしていくことを考えていました。そこに、イタリア人であるジローラモ氏が参加してくれたのは嬉しい偶然であり、「これはもう、しばらくイタリアで押していこう！」と方針を決めたわけです。

『LEON』のコンセプトについて、私は最初から成算を持っていたつもりですが、いくら周到に準備し、計算ずくで組み立てたとしても、実際に当たるかどうかは一種の賭けであることも多いのです。『LEON』の場合は、このように運にも味方されて、やることなすことが逐一当たっていき、その積み重ねで今日のような大成功を収めることができました。

浮動票獲得作戦

読者の関心が強い「時計」という分野に関していえば、時計ブームが過去10年くらい続いていました。そのため、今さら「時計道《どう》」の話で読者の興味を引くのは難しい。つまり、「ひげぜんまいの材質はこれ」とか、「ムーブメントの振動数はいくつ」とかいった話は、コアな時計ファン、「時計道《どう》」の中心にいる人からの支持は得られても、一般の読者に対しては逆効果ではないか。

我々が相手にしようとしているのは、そうした「道《どう》」の周辺にいる「浮動票」の部分なのです。『LEON』の場合でいうならば、「浮動票＝ミーハー」、高級なミーハー、お金持ちのミーハーです。彼らもまた、もう時計には飽き飽きしている。けれども時計のクライアントというのは、『LEON』のような雑誌にとって大変重要な存在です。だから、既存の時計ブームに乗っていくのではなく、『LEON』なりの話をすることで『LEON』なりの時計ブームを作っていくことを考えます。

そうして出てきた特集で、モテるオヤジは「シブ金」（ゴールドケース）の時計や、ダイヤ入りの時計がいいですよ、という話をしました。当時は「時計道」を展開している雑誌がほとんどで、少なくとも男性誌でダイヤの入っている時計がいいなんて主張しているものはありませんでした。だからこそインパクトがあるはずだと思ったわけです。

また、パネライという今ととても人気の高い時計ブランドがあります。このブランドにも、本国イタリアで発表されたモデルにはダイヤ入りがあるのですが、日本にはごくわずかしか入っていませんでした。そういうモノに対して、『LEON』では「ダイヤ入りがいい」と提案し、誌面で展開していきました。

そうすると、その記事を読んで共鳴した読者のあいだでブームに火がついて、小売店のほうに「『LEON』に載っている時計が欲しい」といった注文が殺到したのです。ところが、ダイヤ入りの時計なんて、日本の小売店にはほとんど並ぶことがありません。「こんなもの、日本で売れるわけがない」と思われていたので、注文も入れない小売店がほとんどでした。実際、それまではそれが日本の時計小売業界の常識だったのです。

それが、『LEON』の特集によって読者からの問い合わせがたくさん入ったために、ダイヤ入りを急きょ仕入れることになった、なんていうこともたくさんありました。

LEON2003年1月号　表紙

LEON2003年1月号　本文

オヤジのロングボード

創刊号を作るにあたって、ファッションはこうしよう、時計はこうしよう、食に関してはこうしようなどといったように、ライフスタイルのそれぞれのジャンルやテーマについて、『LEON』で扱っていく方針を考えました。

その一つに「アクティビティ」というテーマがあります。

『LEON』読者のようなミドルエイジのアクティビティを考えた場合、まず思い浮かぶのはゴルフです。しかし、モテたいオヤジにとってみれば、たとえば初めて会った女の子といろんな話をするなかで、「週末はどんなことをなさっているんですか?」と聞かれて「ゴルフです」と答えたのでは、その子が前の週に会ったオヤジとまったく同じ答えになってしまうかもしれない。それではなんの差別化にもならない可能性がある。

そこで、「今は自然と折り合いを付けたアクティビティをやってまして。ロングボードってご存じですか?」と答えたりしたほうがモテますよ、という話を展開していくことにしました。

創刊準備号（97ページ参照）でまず「大人のロングボード」という企画をやることにしたのですが、幸運なことに、ちょうどそのころグッチから限定でロングボードが発売されて、それを創刊準備号の表紙に使うことにしたのです。

オヤジのサーフィンブームは、実にそこから始まったわけです。

もっとも、そうしたサーフィンブームもずっと続くわけではない。『ＬＥＯＮ』としては次のことをどんどん提案していかなければならない。そこで、サーフィンに続く次のアクティビティも提案していこうということになり、創刊３年を経て、満を持して今度はゴルフの特集を展開していくことに決めました。

創刊の頃は、とにかく『ＬＥＯＮ』の存在感を示していくことが戦略上最優先でした。そのため、アクティビティを選ぶのに業界の大きさやクライアントの数の多さなどといったことまで意識している余裕はありませんでした。

しかし、『ＬＥＯＮ』がすでに軌道に乗った創刊３周年号以降になって、オヤジの次なるアクティビティを考えたときには、やはりゴルフがもっともクライアントが多い。それを盛り上げることができれば、大きな広告収入につながる可能性が高いと考えるに至ったのです。

読者の気持ちのなかでも、かってはゴルフの人気は低迷していましたが、いざブームに火がついてしまえば、ポテンシャルはサーフィンよりもはるかに大きい。ちょうど、宮里藍さんの登場でゴルフにちょっと注目が集まり始めた頃で、とくに女性のあいだではゴルフブームが盛り上がる機運を示していたところでした。このような背景を分析して、次のアクティビティはゴルフにすることに決めたのです。

本来ゴルフは面白いスポーツです。しかし、日本ではバブル経済の頃に大ブームがあったために、バブルの終焉とともにゴルフの人気も下がってしまいました。しかし、ファッションと同様にアクティビティのブームもまた繰り返しの連続で、低迷と浮上というサイクルで回っているわけです。

それならば、我々のようなライフスタイル誌としては、それを浮上させるきっかけをいかに作るか、頭をひねっていけばいい。

逆にいえば、どんなアクティビティでも人気がずっと続くということはありません。過去にもテニスなどいろいろなブームがありましたが、どれもいつのまにか終わってしまいました。元来、日本人というのはそれくらい熱しやすく冷めやすい。つまり「ミーハー」だということです。

もちろん、テニスにしてもゴルフにしても、どんなアクティビティにも「道《どう》」というものがあり、その「道《どう》」を究めんとしている人は必ずいるでしょう。それはそれでまったく正しいことなのですが、我々ライフスタイル誌の作り手が対象としうるのは、あくまで一般の人々、つまりはミーハーで移り気な「浮動票」なのです。

だからこそ、『LEON』では「次なる差別化のアクティビティはゴルフですよ」といった仕掛けを行いました。しかし、それは過去に流行った「オヤジスポーツ」のゴルフ、バブルオヤジのゴルフではなく「モテるゴルフ」です。

こうしたトレンドを仕掛けるためもあって、『LEON』の2005年5月号で満を持してゴルフ特集を組んだとき、「お待たせしました！　15年の低迷を経て……モテるゴルフが帰ってきた！」というタイトルを我々は採用したのです。

LEON2005年5月号　表紙

LEON2005年5月号　第1付録

NIKITA創刊

当初私も想定外のことでしたが、『LEON』読者の10％くらいは、なんと女性なのです。その女性読者に話を聞いてみると、『LEON』は面白い。なぜかといえば、読み物として純粋に面白いということと、もう一つはモテたいオヤジが何を考えているのかという台本の裏読みのような側面があったから。そして、『LEON』と同じような切り口の女性誌があったらいいなと感じた、というものでした。

女性がラグジュアリー商品などを買い求めるのも、お洒落やお化粧も、その心理を深く突き詰めれば、やはり異性を意識した行動であり、それは男の場合と基本的には変わらない。メンズでこれだけ読者の気持ちをとらえられたのだから、女性に対してもそれは可能ではないか。「モテる女性」を作る雑誌というのも実現可能なのではないか。

こうした思いから、『NIKITA』という雑誌を創刊することにしました。

『NIKITA』の創刊は、『LEON』創刊からちょうど3年後の2004年9月です。この頃には、すでに『LEON』の成功は、一般読者のあいだでもクライアントのあいだでも動かしがたい事実になっていました。ですから、「『LEON』の女性版を作ります」という呼びかけに多くの優秀なスタッフがはせ参じてくれて、『LEON』立ち上げの時期のような苦労を味わう必要はありませんでした。

ところでこれは裏話なのですが、実は『NIKITA』というタイトルは、『LEON』が創刊される前から決まっていたのです。

主婦と生活社に移籍してまもなく、私は新男性誌開発室という部署に一人でいて、のちに『LEON』となる男性誌の構想を練り、準備を進めていました。『LEON』のサンプルイシューができるずっと前の、準備の準備のような段階です。そこで誌名をどうするかというときに、案の一つに『LEON』があり、響きがいいので調べてみると、商標が取れそうだという。そこでふと思いつき、同時に『NIKITA』というタイトルも調べてみたら、これもたまたま空いていました。

それで、「まだ肝心の男性誌も出てないのに何を考えているんだ」といわれるのを承知で『NIKITA』の商標も押さえておきたいと考えたのです。

NIKITA2004年11月号（創刊号） 表紙

そこで思い切って社長のところへ行き、「新雑誌の名前は『LEON』に決めました。そして、その『LEON』から連想される言葉に『NIKITA』というものがありまして、これは両方とも映画のタイトルなのですが……」と、リュック・ベッソン監督の話をし、映画『LEON』の話をし、さらに『NIKITA』という映画の主人公はタフな女性で云々……といった話をしました。その上で、雑誌タイトルとしてその商標がたまたま今取れるので、取っておきましょう、と説明しました。

そのときはまだ『LEON』も始まっておらず、私も会社に来たばかりで、今から思えばおこがましい提案でしたが、無事許可をもらえてどちらも商標登録することができました。

しかしこのとき、もしダメだといわれても、私は個人的に商標を押さえていたでしょう。『LEON』が女性にも読まれるとは思いもしませんでしたが、いつか女性誌も出そうと、この頃から考えていました。そして、機が熟していよいよその時期が到来し、『NIKITA』という名のタイトルの雑誌を創刊したのです。

今思うと、最初に『LEON』と『NIKITA』の両方のタイトルを商標として取ることができたのは実に幸運でした。

第4章
岸田一郎の雑誌ビジネス論

ライフスタイル誌は「見立て」役

世の中には、たくさんの雑誌が溢れています。そもそも雑誌の役目とはなんでしょうか？これにはいろいろありますが、雑誌のジャンルによっても変わってきます。

一つは、新聞のような事実報道です。たとえば「今バグダッドで何が起こっているか」といったものですが、こうした事実は作り替えようがありません。そこで、メディアは「いかに速いか」「いかに正確か」ということを競い合うことになります。

もう一つは、エンターテイメントです。娯楽の一つとして、読者が見て読んで面白いと思えるものです。

そしてもう一つが、ライフスタイル誌です。モノやファッション、クルマ、時計などの情報を伝える雑誌です。『ＬＥＯＮ』もここに属しています。つまり、読者にとっての「自己表現」に役立つ情報を提供することが、その役目ということになります。

ライフスタイル誌は、「今自分はどのようなライフスタイルを形成すれば素敵なのか」という点を追い求めます。ファッション誌などはその典型的な例で、どういうファッションを身にまとえば格好いいのか、ということを探求して読者に話をすることになります。クルマ雑誌なども同様に、「今どういうクルマを買えばカッコイイのか」が狙いです。

ただ、雑誌というのはどれもプロダクツ（製品）を持っていません。あるのは紙とインクだけ。そこで、誌面を通して読者へリコメンド（推薦）します。世の中に膨大に流れている玉石混淆な情報の中から、的確なものを収集・分析して「今こういうモノ・こういうことが素敵ですよ」という読者へのサジェスチョン（提案）に落とし込む。そういう「見立て」を読者に対して行うのが、ライフスタイル誌の第一の役目なのです。

雑誌が売れるメカニズム

しかし、数多くある雑誌にも当然、売れるものと売れないものがあります。ライフスタイル誌ならば、「たくさんクルマはありますが、あなたにピッタリだと、うちの雑誌が考えるのはこれですよ」とか、「いろんなスーツが売られているけれど、うちの雑誌がおすすめするのはこれですよ」といった、雑誌の提案する「見立て」が読者に受け入れられる。それがまさに、「雑誌が売れる」ということに他なりません。

雑誌が売れる。あるいはあまり売れていなくて販売部数はそれほど多くなかったとしても、熱狂的な読者がいるということになれば、必然的にその雑誌の評価が上がり、評判を呼ぶことでさらに雑誌は売れていく。そして、読者はその雑誌に掲載されている商品が欲しくなります。そうすると必然的にその商品の消費行動に入り、クライアントの商品が売れることになります。

つまり、売れるライフスタイル誌を作る上では、その雑誌が持つ「見立ての効力」の大きさがなにより重要です。

人気のある女性向けのライフスタイル誌では、すでにそうした「見立ての効力」が読者に受け入れられています。誌面で魅力のある商品を紹介した雑誌がよく売れる、つまり読者の「レスポンスのある」女性誌というのは、今日たくさんあります。

ところが、こと男性向けライフスタイル誌においては、きちんとした見立てをしているものがあまりありませんでした。これは、かつてメンズ誌が売れていなかった原因にもつながります。多少の見立てが一冊の中にあったとしても、読者を動かすほどの効力を持ってはいなかったというのが実情でした。

そこに『LEON』が登場し、読者に確実に受け入れられるような説得力を持った見立てを行いました。その結果、販売部数も伸び、そして誌面で紹介した商品も売れるようになって、広告クライアントがたくさん集まるようになったのです。

ライフスタイル誌に正解はない

事実の報道でもなくエンターテイメントでもない、自己表現のための実用情報誌という分野。そんなライフスタイル誌において、「正解」などというものはそもそも存在しません。

たとえば『LEON』の読者の場合、ターゲットとする層はだいたい「年収1500万～2000万円」という設定になっています。ひょっとしたら今はもっと上がっているかもしれません。そうした人たちに向けて「今クルマはこれがいいですよ」とか、「スーツはこれがいいですよ」という話をすることになります。

しかし、「では1000万円でクルマを買おうと思うが、どれがいいか」といった場合でも、ライフスタイル誌には「これが正解である」ということはありません。たまたま『LEON』が「ベントレーのコンチネンタルGTが2000万円でお買い得!」というタイトルをつけたとしても、それは結局のところ『LEON』が勝手にいっているだけのことなのです。ひょっとしたら「2000万円もクルマにお金を出すなんて馬鹿げてます!」という雑誌もあるかもしれません。そのどちらかが正しいというものではないのです。

つまり、たまたま雑誌が抱えている読者に対して、『LEON』が考える見立てはこうですよ、といっているにすぎない。そして、その見立てに共鳴したり賛同したりしている人が読者になっている。つまるところ、それだけの話なのです。

「今日こんなことが起きている」というのは変えられない事実であって、それを伝えることは「正解」です。そうした事実報道では、いかに早く正確に伝えられるかがおそらく勝負の分かれ目になるでしょう。

ところが、『LEON』がいっている「このクルマがいいですよ」というのは、あくまで見立てなのであって、『LEON』はそう思います」という話にすぎません。

『LEON』で扱っている商品は、ひょっとしたら、人が普通に生きていくには必要のないものばかりかもしれません。ですから、雑誌が売れているといっても、それは我々のいっているということが他より「正しい」ということではなく、あくまで「みなさんが自己表現をする上ではこれがおすすめですよ」というわれわれのリコメンドが、たまたま読者の気持ちに「刺さっている」ということなのです。

ライフスタイル誌を作る上で、こうしたスタンスを守ることはとても大切です。

編集長であることの責任

読者の方から、「『LEON』は僕のバイブルです。あれほどに格好いい本はない」という言葉をいただくことがよくあります。大変うれしく思いますが、その一方で、「本当はもっともっと格好いい本を作ることだってできるんですよ」という気持ちもあります。でも、雑誌の全権を任された編集長としては、それを実行することはできません。

日本の出版界というのは、他の業界に比べて、システムや考え方が遅れているとしばしば指摘されます。遅れているという点では雑誌もまったく同じで、それを作る編集長も、ときとして大きな間違いを犯している場合が多いのではないか、と思うことがしばしばあります。編集長になったら、自分がそれまで思い描いていた表現を雑誌に託して、それを半ば独善的に結実させようとする。もしくは、編集部員をはじめとした周りの人間も、編集長というのは、自分がずっと実現したいと念願し続けてきた表現を、いざその立場となったときに一冊に託して作り上げるものだ、と思っている。

こうしたことがしばしば見受けられます。実際、新雑誌の創刊号ではとくに、「編集長だれそれの世界」という手法で作られているものが多く見られます。

しかし、少なくともライフスタイル誌という分野に限っていえば、私はこれをきわめて大きな間違いだと考えています。

どうしてかというと、仮に編集長の感性や知識、教養などに大変優れているとします。しかし、それを雑誌に投影してしまい、優れた感性や知識が詰まったものを作ろうとすればするほど、でき上がる雑誌は偏ったものになってしまう可能性が高いのです。

たとえば、ファッション一つを取ってみても、ライフスタイル誌の視点で見れば、前述のとおりそこには「正解」なんてものはありません。

編集長のファッションセンスが飛びぬけて優れていたとして、それを雑誌で本気になって表現したとしましょう。その結果としてでき上がったものは、往々にして編集長本人には満足できるものであっても、読者にとってみればわかりにくいものになっている場合が多いのです。つまり、多くの読者の要求を超えた「オタク」なものになってしまう。

「オタク」なものになればなるほど、読者はどんどん減っていきます。もし、一部のマニアックな人たちから「今までこんな凄いものはなかった！」といわれるほどの雑誌ができたとしても、それを理解して賛同してくれる読者の絶対数というのは、思った以上に少ないという場合がほとんどです。私の感覚では、作り手の「自己表現度」といったものが高いほど、読者はかえって少なくなる。雑誌とはおしなべて、そういうものなのです。

ならば、どうすればいいのか？

もちろん、やみくもに数を狙って、トレンドのピラミッドの底辺にいる人にだけ向けて本を作ればいいというわけでもありません。

まずは、ターゲットとなる読者を明確に「ここ」と定めて、そうした人たちの支持をどうやったら集めることができるか真剣に考える。そのターゲット読者の設定にあたっては、もちろん「一番儲かる可能性が高い層」というのが基準になります。そして、儲けを最大化するための戦略的なビジネス案をしっかり練り上げます。

たとえばファッションをテーマにした本を作るとすれば、「センスがいい」という点を追求しすぎると読者が限定されてしまう可能性があり、かといってあまり大衆的に作りすぎても（ごく普通の人はわざわざファッション誌なんて買いませんから）、読者を得られない場合が多い。もちろん、それで儲かる目算が立つなら、どんなに大衆的になってもかまいませんし、とんがり帽子のてっぺんにいるような先鋭的な読者だけを狙ってもかまいません。大切なのは、「どこに儲かるフィールドがあるか」という視点です。どこを狙ったら、読者が一番たくさんいて、どれだけたくさんのクライアントがついてきてくれるか。それを見抜く。

このように情報分析を的確に行い、雑誌がビジネスとして成功するように、あらかじめ基本的な線引きを行う。それが編集長の仕事であり、責任でもあると思います。

要は編集長の個人的な自己表現ではなく、きちんとしたビジネスの戦略を立てて雑誌を作っていく。いったん雑誌のポジショニングはこれ、ターゲット読者はこれ、と決めたら、そこから抜け落ちるもの、こぼれ落ちるものには目を向けず、その戦略に沿ったテーマ、企画だけを選んで雑誌に載せていく。そして、副編集長以下の編集スタッフを、その戦略に沿ってきちんと走らせ、記事や誌面を作らせる。

さらに加えて、雑誌をうまく運営していくためには、編集長は収支に対しての知識と意識、そして会社に対するプレゼンテーション能力も必要です。明確に年次目標を立て、「創刊1年目はこれだけの赤字だが、2年目はここまでの利益を出して、3年目で初期投資を回収して、累計の事業収支を黒字に転換させる」といった事業計画を確実に立てて、それを常に意識しながら雑誌のハンドリングを行っていく。

他の業種の方からすれば、「なんだ、そんなことは当たり前じゃないか」と思われることでしょう。ところが実際には、当たり前のことをきちんと行わずに、ただひたすら「いい雑誌」を作ろうと、自己表現の洗練に勤しんでいるような編集者（編集長）がたくさんいるのです。だからこそ、我々出版界は他の業種の方から「遅れている」と揶揄されてしまうことになるのではないでしょうか。

編集長のリーダーシップ

編集長の性格もあるかもしれませんが、まとまりのない編集部というのは、往々にして編集部員がバラバラに「素敵なモノを作りましょう」という幻想を抱いていることが多いように思います。むしろ古い体質の出版社では、編集者はそうあるべきと奨励したりしています。

その結果どうなるかというと、編集部員が真面目で優秀であるほど、「今よりももっと素敵なモノを！」という指向のもとに、ますます勝手にそれぞれが動くようになります。

ところが、若い編集部員の考えることというのはたかが知れている場合が多いのです。それぞれがそれぞれの頭で「素敵なモノ」を考えたところで、客観的に見ればたわいのないものだったり、また実際に素敵なモノであったとしても、その表現手段が未熟、といったことが往々してあります。

雑誌としては、そうしたモノを集約して管理しないことには「本当に素敵なモノ」にはなりえません。

このようなところで、「こっちに向かって走りなさい」というレールを敷き、編集スタッフをその方向に向かって走らせることも編集長の役目です。そうして初めて、副編集長以下の部下たちが迷うことなく走り出すようになります。

もちろん、編集長の指示が不適切で、走ってみたけどぜんぜん成果がないということになれば、みんなそのレールから外れていき、バラバラになってしまいます。しかし、指示が的確で、最初は「本当にこっちを向いて走っていいのかな？」などと思いつつ走り出した編集部員が、雑誌が売れる、広告がたくさん入るという「結果」に肌で触れるようになると、みんな「ああ、これでいいんだ」と思うようになり、編集部の中に求心力が生まれてきます。そうしたら編集長は、その求心力を利用して「もうちょっと速く走ってみようか」とさらに発破をかける。これを繰り返していくうちに、だんだんみんなに自信がついていって走るスピードも上がり、「このレールの方向で間違いないんだ」と全員が確信を持つようになる。そうなったら雑誌は、もう成功間違いなしです。

レールの行き先には四方八方いろんな方向があり、もちろんなかには行き止まりで失敗してしまうものもありますし、途中で行方がわからなくなるようなものもあるでしょう。その中から、編集長はきちんと成果を出せる方向を選び、そのレールに編集部員全員が落ちこぼれなく乗るよう働きかける。編集部員は最初、形の上でそれに従いつつも、目に見える成果が上がってくれれば、だんだんと編集長の判断に信頼を抱くようになるものなのです。

たとえば、新しい雑誌を作る場合、創刊号の時点では編集部員の多くが「本当にこれで売れるのか？」と懐疑的な気持ちを抱いています。しかし、何号か出すうちに売上げが伸び、広告がどんどん入るようになり、自分が担当した企画に対してもポジティブな反応が出てくるようになれば、「これでいいんだ！」と納得するようになる。雑誌が好調なら、そこで働く編集部員の個人的な評価も上がります。取材先に行っても歓迎されたり、感謝されたりするようになる。そうなると、編集部員はいやが上にも「このやり方で間違いないのだ」と確信するようになります。それが、雑誌のマネジメントにおける正しい流れです。

大切なことは、レールを決める役目はあくまで編集長であり、編集部員には最初その選択を「盲信して」もらい、その上を走ってもらう、という点です。

そのレールを決める上でも、本当に「正解」というものはありません。ありもしない「正解」を追い求めるのではなく「成果が出る」ような選択をする。それを見極める能力と責任が、編集長には常に求められているのです。

出版不況の原因

繰り返しになってしまいますが、ライフスタイル雑誌の作り方において、どのターゲットを選択するのが正しい、ということはありません。出版社において、雑誌というのはあくまでビジネスであり、その第一目標は「利益を出すこと」です。

前述したように、編集長に選ばれていざ新雑誌を作ることになったときに、「俺の思い描いている世界を雑誌に反映する」という考え方を持つ人が直面するのは、往々にして世間に受け入れられない、もしくは採算が合わないために雑誌が休刊していくという現実です。そして、多くの人はそうした結果に対しても自分の失敗を認めず、「俺の描いた世界は今の読者にはまだ早かったかな」などと考えたりするのです。

このようにビジネスを無視した雑誌への取り組み、その結果としての休刊の連続が、今日出版界の不振を招いている要因の一つではないかと私は考えます。結局のところ、出す雑誌出す雑誌がことごとく売れないというのは、そうした問題が解決されないまま放置されているからに他なりません。

では、解決するにはどうすればいいのか。そこではなにより大切なことは、「雑誌はビジネスである」という基本的なことを再認識した上で、最初から戦略的に雑誌作りのプランを練っていくことではないでしょうか。

平たくいえば、「儲かる雑誌作り」への取り組みです。

出版業を「文化事業」と考える昔ながらの出版社では、こうした考え方を「商業主義」と称してネガティブに捉える人が依然として多いのですが、ここに大きな誤解があります。そもそも、「儲ける」というのは「読者を騙す」ことではありません。むしろ、多くの人々にとって有用で、喜ばれるような本だからこそ、たくさん売れて出版社も儲かる、といえるのです。

もっとも、雑誌は販売部数が多いからといって、ビジネスとして成功するとは限りません。現代の雑誌ビジネスにおいては、書店での販売収入と同時に、クライアントからの広告収入が必須条件だからです。

そして、クライアントから広告をいただくためには、最初に雑誌のポジショニングを適切に行うとともに、雑誌がクライアントにとって有効な媒体であるということを、「結果」を通じて証明し続けていかなければなりません。

「結果」とは、端的にいえば雑誌の記事や広告に対する読者の「レスポンス」です。つまり、雑誌でクライアントの商品が紹介された、もしくは広告タイアップという形で記事掲載を行った。その結果として、読者から反響があり実際に商品が売れたとしたら、クライアントは雑誌の媒体力をいやが上にも認めます。そうすればクライアントも、広告を出し続けることを躊躇しないでしょう。

このようにライフスタイル誌の作り手は、単に読者を広げて販売部数を増やすように努めるだけでなく、読者の消費行動という「レスポンス」を活発化させるように企画や紹介するアイテムを吟味し、誌面作りを工夫していかなければなりません。そうして雑誌に対する熱狂的な信者であるような読者を増やしていけば、絶対的な部数はそれほどではなくても、読者のレスポンスを通じて（『LEON』の場合で言えば高級ブランド品を中心とした）マーケットに多大な影響力を行使し、その結果としてさまざまなクライアントから多額の広告料金をいただくことも可能になるのです。

そういったことを「計算ずく」で行っていくのがライフスタイル誌の編集をすることであ

り、その長たる編集長の仕事なのです。

このような「計算」は、どの業界でもビジネスを行う上での前提として当たり前のように行われていることです。ところが、雑誌業界では今でも多くの編集責任者が、そうした目算をあらかじめしっかり立てることなく仕事に取り組んでいる。出す雑誌出す雑誌、失敗の連続。あたら多くの屍を生み出す結果になってしまっています。

こんなことをいつまでも続けていたら、雑誌業界はどんどん駄目になってしまいます。その結果読者の活字離れがますます進み、書店も店をたたむ一方でしょう。広告媒体としての代理店やクライアントからの評価も下がり続けてしまう。

こうした状況に歯止めをかけるためには、編集長を中心とした作り手が、改めて「目的は儲けることだ」という基本に立ち返り、雑誌がビジネスとして成功するよう、しっかりとした戦略と緻密な計算に基づいて、雑誌の運営を行っていくことが不可欠だと思うのです。

「記者クラブ制」の弊害

ライフスタイル誌を作っている編集部はどこもそうだと思いますが、私のところにも、毎日クライアントやいろいろなブランド・ショップなどから発表会・展示会・新製品情報などの資料がたくさん届きます。書類箱のなかに積み上げると、だいたい一日に8センチくらいの厚さにもなります。その資料を見て、私をはじめとする編集部員が、手分けして展示会に出席したり、プレスツアー（報道機関対象の招待取材旅行）に参加することになります。このとき、ファッションなり時計、クルマなりのプレスツアーで取材に出かけるとしたら、現地に着くとさまざまなブランドが、宿泊先の手配から取材対象の段取り、詳しい資料の入手まで全部アレンジしてくれています。

編集部にただ座っているだけで、そうしたものが向こうからやってきて、向こうがすべてやってくれるわけです。

たとえば、次号の特集として「この冬のダンディズムを気取るコート特集」という企画を考えたとします。そこではまず、編集部からアパレル関係の各ブランドに「次回コートの特集をやりますから情報をください」という依頼を入れ、ベテランのスタイリストさんやカメラマンさんに「あとはよろしく」と丸投げして仕事をお願いする。でき上がってきた写真をデザイナーさんのところに持っていってレイアウトしてもらう。それができたら、またベテランのライターさんにお願いして適当なコピーを書いてもらう。最後に、「ダンディズム」だとか「プレミアム」だとか「エレガント」だとか「フェミニン」だとか、それらしい美麗形容詞をはめ込んで適当にキャッチやリードをつければ、それでハイ、ページはでき上がり。端的にいってしまうと、多くの場合はこれが従来のファッション誌、ひいてはライフスタイル誌の作り方だったのです。

こうしたやり方を、私は皮肉を込めて雑誌の「記者クラブ制」と呼んでいます。雑誌媒体という利権さえ確保してしまえば、ただ座っていても向こうから情報がどんどん集まってくる。その勝手に集まってきた情報の助詞と形容詞だけを書き換えて、誌面に反映して完結する。つまるところ、ただの情報の伝達屋に成り下がっている雑誌があまりにも多いのです。

また、そうしたことを繰り返していくうちに、仕事をお願いするスタッフも各雑誌がどれも似通った人になっていってしまう。「売れている雑誌のスタッフに頼めば、うちの本も売れるだろう」というわけです。それは大いなる幻想にすぎないのですが、横並びの発想から逃れられない日本社会では、こうしたやり方や考え方が依然として説得力を持っていることもまた事実なのです。

その結果、どうなるのでしょうか。たとえば女性誌などは、発売日が毎月28日の雑誌が多いのですが、読者がその頃に本屋さんに行ってみると、似たような特集を組んだ雑誌がずらり並べられていて選ぶのに苦労してしまう。それもそのはずです。なにしろ各誌のほとんどが「記者クラブ制」のもと、横並びで作られているのですから。

そうしたやり方では、『LEON』に見られるような雑誌に対する熱烈な信奉者、支持者が生まれないのは、いうまでもないことです。

広告に依拠するということ

私は今まで、編集長として新たに雑誌を立ち上げる仕事を任される機会が多くありました。立ち上げるときに会社の経営陣が私に求めたのは、例外なく「儲かる雑誌を作ってほしい」

ということでした。これはもちろん悪いことではなく、ごく当たり前の話です。

雑誌を創刊する場合、どの出版社でも最初に大規模な宣伝を行います。そのおかげもあって、多くの場合創刊号はよく売れます。しかし、その効果もあまり長くは続きません。新雑誌の本当の勝負はここから始まります。

創刊号がたくさん売れても、最初の宣伝くらいでは知名度はすぐに下がってしまう。そこからまた盛り返して、雑誌を軌道に乗せるまでには、ある程度の時間がかかります。いったん下がったあと、どれだけ短期間で持ち直すことができるか。そして、その先どこまで上がっていけるか。この「創刊効果」が失われたあとの苦しい時期をいかにして切り抜けるかが、雑誌作りにおける最初のハードルであり、成功への試金石ともなります。

創刊してしばらくのあいだ、会社の経営陣は「この雑誌がものになるかどうか」ということを注視しています。そのとき彼らの最大の関心事は、部数よりも「利益」です。いくら部数が多く出たところで、利益の出ない雑誌では意味がありません。雑誌のビジネス構造にもよりますが、だいたい読者が何万人いて、広告料金がこれだけ入って、制作費（編集費や印刷・製本代など）をこれだけ使います、と示し、その相関関係の中で利益を生み出していくことになります。

雑誌の収入源は、販売収入と広告収入しかありません。支出に関しては、制作費や宣伝費（電車の中吊り広告や新聞の広告）など多岐にわたりますが、編集長はそれらすべての数字を常に把握しながら、最終的に採算を合わせていかなければなりません。

『ＬＥＯＮ』の場合、ビジネスとして利益を生み出す上で、販売部数にはあまり依存していません。部数は月に10万部程度で、メンズ誌としては悪くない数字を上げていますが、その販売収入だけではとても制作費をはじめとした支出をまかなうことはできません。

その一方で、『ＬＥＯＮ』はその販売収入の倍以上の広告収入があります。トータルの収支は大変な黒字です。これは、最初に私が『ＬＥＯＮ』を企画したときの狙いどおりであり、事実『ＬＥＯＮ』は、ビジネス上の戦略として、販売収入よりも広告収入に重きを置いて発行している雑誌なのです。

こうした戦略に対して、『ＬＥＯＮ』のことをアイロニカルに「広告に依拠した雑誌」という人もいます。たしかにそのとおりです。しかしながら、それでは今までこうしたタイプの雑誌がなかったのかといえば、実のところいくらでもあったのです。

ところが、男性向けのライフスタイル誌の場合、ビジネス構造としては本来広告に依拠しないと成り立たないにもかかわらず、本当のところそれほど広告が入っていなかった。広告による売上げを期待できない雑誌がほとんどだったのです。

なぜ、そうした雑誌は広告が入らなかったのでしょうか？

簡単なことです。読者の消費行動にさほどの影響力を発揮できなかった。つまり、たとえその雑誌に商品が紹介されたとしても、あるいは広告を出したとしても、結果的にそのクライアントの商品がよく売れるという結果につながらなかったからです。

ある雑誌が、クライアントから広告をいただいたとします。広告をいただくようなクライアントの商品は、当然、広告以外の編集記事でもときどき紹介することになります。ところが、ダメな雑誌というのは、そうしたクライアントに対して「その商品を本気になってプロモートする」という責任を負おうとしないのです。たとえ記事で紹介するとしても、「スポンサーがらみの企画」程度の消極的な発想で、内容もおざなりなものでしかない。もちろん、そんな記事を読んで商品を買おうなどという奇特な読者はあまりいません。

そうなってしまうと、クライアントからすればわざわざお金を払って広告を出しているのに、ちっとも自社商品の拡販に結びつかない。それでは意味がない。こうしたことを繰り返しているうちに、男性向けのライフスタイル誌はだんだんとクライアントから「広告媒体としてはあまり魅力的でない」と思われ始め、そっぽを向かれてしまったのです。

しかし、実のところそうした現象の責任は雑誌の作り手だけにあるとはいい切れません。クライアントの宣伝担当者にも、おそらく責任があったはずです。「そのアイテムが売れるかどうかは、最終的には商品力次第」。そうした無責任な発想から、海外の本社で決めたCI（コーポレート・アイデンティティ）やDI（デザイン・アイデンティティ）にピッタリ沿った広告を作って、それを雑誌に載せたり、編集タイアップと称してビジュアル的に踏襲した、カタログとあまり変わらないようなページを雑誌に作ったりして、それで役割は果たしたと考えているようなブランドの宣伝担当者も、少なからずいたことは事実なのです。

お金を払う立場の読者にしてみれば、そんなものに反応するはずがありません。それに対して「日本のユーザーはまだダメですね。ウチの商品の素晴らしさをわかってくれない」とそうした人はいい、雑誌側も一緒になって「そうですよね。お宅の商品は素敵なのに」といったりしている。そうして共に衰退していったのです。

男性向けライフスタイル誌の世界では、これはしばしば見られる現象でした。編集担当者が、「クライアントの商品を紹介する」という仕事に対して、責任を持って取り組まないことが当たり前だったのです。

他誌と『LEON』がもっとも違うのは、まさにこの点です。我々は、誌面で紹介するアイテムについては、それが広告がらみだろうが純粋な編集発意の企画だろうが、読者がその商品価値を深く納得し、それが実際に売れるように全力で取り組んでいます。だからこそクライアントも我々を信頼し、喜んで広告を出稿してくださるのです。

「広告に依拠した雑誌」は、そこまで取り組んで初めて成り立つのです。そうしたことが発想すらできていなかったために、これまで多くの雑誌が失敗の憂き目を見ることになったと私は思うのです。

ハッピー・トライアングル

私の考える雑誌の理想像とは、読者・クライアント・出版社、この3者が共に幸せな状態でいられることです。これを仮に、「ハッピー・トライアングル」と名づけます。

従来の雑誌の構造では、雑誌がクライアントから広告をいただいたら、それをそのまま読者に発信して終わっていた。それでは読者も、商品情報に関する実用的なメリットがあまり感じられないので、反応する人も少なかった。そのため、クライアントにとっては商品の実売につながらない。その結果、読者もクライアントも不幸せという状況を招いていました。

それに対して『LEON』では、この「ハッピー・トライアングル」のモデルを実現することを基本テーマに定めました。

具体的にお話ししましょう。たとえば『LEON』で、お馴染みの「モテるオヤジの作り方」という特集を組むとします。すると、この特集に興味を持った読者が雑誌『LEON』を買ってくれる。雑誌を読んだ読者は、そこで紹介されたノウハウを身に着けることで、なんらかの形でよりモテるようになる。その過程で、その特集で紹介された商品のいくつかを買い求めます。その結果、読者は「モテるようになった」という自覚を持って満足し、クライアントは商品を買ってもらえたので売上げが伸びます。もちろん出版元の主婦と生活社も、雑誌が売れ、広告料も入るので、儲かるわけです。

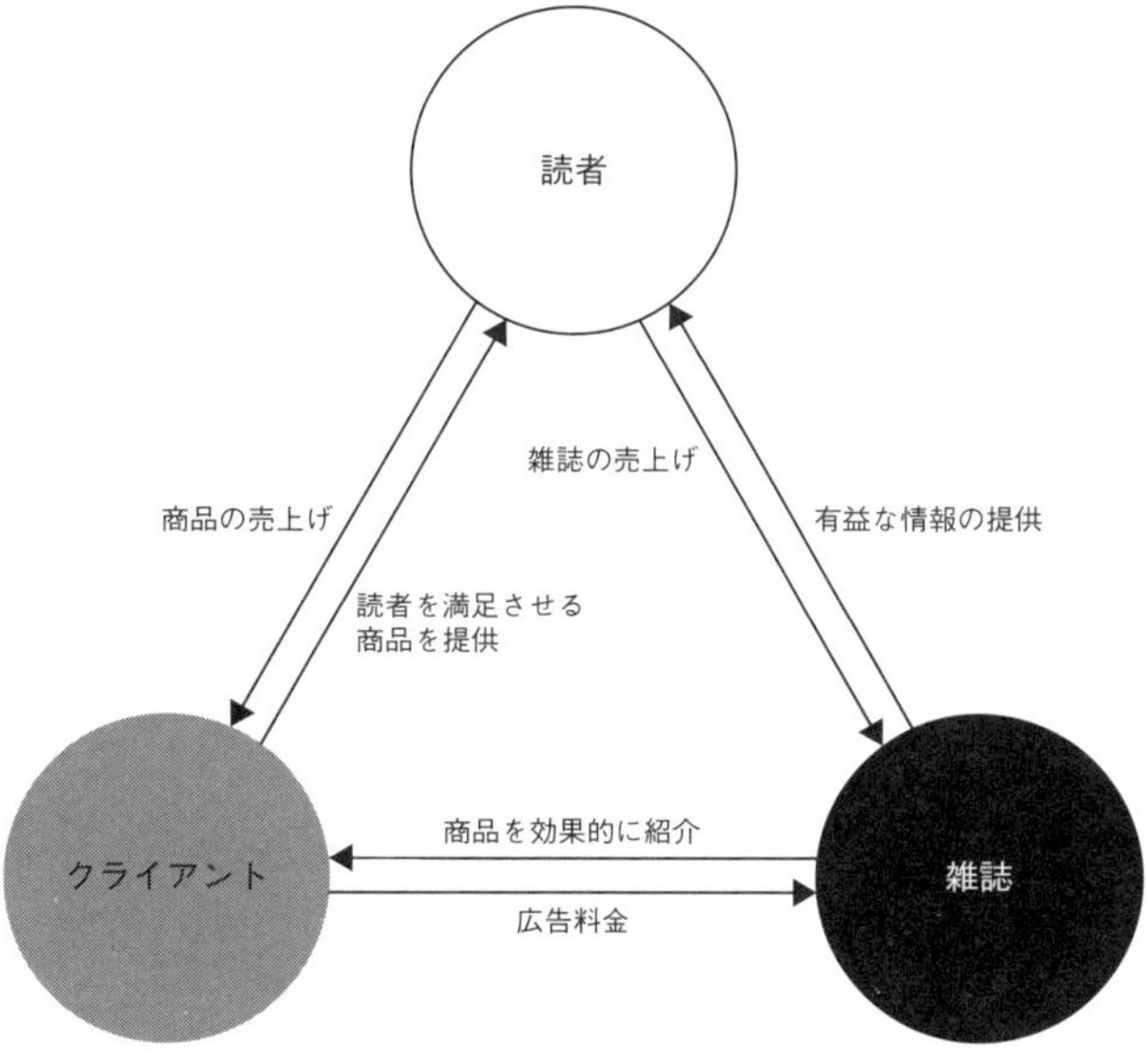

ハッピー・トライアングル

このようになれば、読者、クライアント、出版社が皆幸せになるという「ハッピー・トライアングル」ができ上がることになります。

もちろん、実際にこの「ハッピー・トライアングル」を実現させるためには、ここまで書いてきたように雑誌の作り手である我々が、用意周到な戦略と戦術を駆使する必要があります。しかし、まずは雑誌を手がける編集者がこうしたイメージを頭に思い描くことは、とても大切だと思うのです。

マスかラグジュアリーか

『ＬＥＯＮ』は、毎月発行されている部数は10万部くらいですが、女性誌や週刊誌のなかには、『ＬＥＯＮ』の何倍も売れている雑誌がたくさんあります。『ＬＥＯＮ』の読者数は絶対的に見てそれほど多いわけではありません。

とはいえ、「ユーザー」の絶対数が少ないという点では、『ＬＥＯＮ』に広告を出稿していただいている、もしくは『ＬＥＯＮ』がその商品を紹介しているクライアントの場合もまったく同じなのです。

たとえば、『LEON』は現在、イギリスの老舗高級車ブランドであるベントレーから広告をいただいていますが、ベントレーの日本での販売台数は、年間200台にも満たないのです。もう一つ例をあげると、『LEON』でもしばしば紹介しているボッテガ・ヴェネタというイタリアのブランドがありますが、このブランドのカバンは、トートバッグ一つでも50万円以上するものがあります。それが年間に何個売れるかといえば、おそらく100個もいかないでしょう。

しかし、『LEON』はそうしたラグジュアリーアイテムを買う人たちの多くに読んでもらえています。つまりは、雑誌である『LEON』もまた、そうした高級ブランド品と同じく、マス（大衆）をターゲットとしたメディアではありません。前述のように、買う人の数ではなく、読者の高い購買力と購買意欲に依拠している雑誌なのです。

もちろん、ごくごく例外的に、もともとマスをめがけた商品ではなくあくまで少数の裕福な顧客をターゲットにおいたエクスクルーシブなブランドだったにもかかわらず、それが市場で大ヒットして今や多くのユーザーに支持されているといったケースもあります。しかし、そうした場合でもブランドは、往々にして大衆誌には広告を出したがらないものなのです。雑誌にグレードをつけ、彼らが「高級」と認める雑誌にのみ広告を出稿します。

それはなぜかといえば、高額商品を売るためには、なによりもブランドイメージが大事であるからです。「高級ブランド」というイメージが損なわれてしまったら、そこの商品に魅力を感じなくなってしまうのです。

小部数でも膨大な広告収入を稼ぎ出す『ＬＥＯＮ』のビジネスモデルは、そうした「マスかラグジュアリーか」といったマーケットの力学の上に成り立っているのです。

オヤジの世代交代論

『ＬＥＯＮ』が想定している読者は、下は30代後半、上は40代後半から50代くらいまででしょうか。いわゆる「オヤジ」と呼ばれる世代ですが、『ＬＥＯＮ』の創刊のときに注目したのは、ここ10年ほどのあいだに、オヤジ世代の「世代交代」が一気に進んだという事実です。もちろん、実際にはオヤジの世代交代は年々進んでいるわけですが、ここで話題にしているのは、もっと精神的な面においてです。

たとえば、10年くらい前まで「オヤジ」と呼ばれていた「旧オヤジ世代」の全体的な傾向を、その愛読誌として有名な雑誌の特集から探ってみると、「漱石が訪ねた茶店に行ってみる」とか、「芭蕉が好んだお菓子」といったテーマのものがあったりします。ここに見られるように、おそらくこの世代の人たちは、単純な物欲ではなく、もっと精神的で哲学的なものへ強い興味を持っていて、そこに気持ちよさを見つけているのだと思います。「気持ちがいい」というのは「そういう自分にプライドが持てる」ということで、つまり彼らは、そうした知識や教養での「自己表現」、ひいては「人との差別化」を楽しんでいるともいえます。

そこで、彼らの原体験を考えてみます。そうした「旧オヤジ世代」というのは、太平洋戦争中や戦後すぐの時代に原体験が始まっていることが多いでしょう。物心ついたら周りは焼け跡で……といったように。つまり、モノがなかった時代です。毎日、食べるのがやっとという時代に、「旧オヤジ世代」は幼少期をすごして大きくなった。

ところがその次の、昭和26年生まれの私を含めた「新オヤジ世代」というのは、幼少期に当たる時代にはもう戦争は終わっていました。そして物心がついたら、戦後復興が進んで日本が豊かになりかけている時期です。第2章でも書きましたが、実際私も小さい頃におもちゃなどをたくさん買ってもらったのです。衣食住に困窮していた時代から、贅沢の一端に触れることができる時代に変わろうとしていました。

親に電気機関車のおもちゃを買ってもらう。そして同じ電気機関車でも、僕のは「10両連結で信号もある」けれど、友達は「車両は2両だけで信号は持っていない」。そうした持ちものの優劣で自慢したり、満足感を得たりすることが、わりあいと素直にできたりしたのです。自転車でも、友達は3段変速だけれど、僕のはなんと10段変速、だから僕のほうがすごい！というように。

これは物欲の反映であると同時に、そうしたモノを通して自分を「自己表現」するということを、「新オヤジ世代」は幼少の頃に学んだのです。自己表現して差別化をする。そうした「モノでもって他人と差別化する」ということに慣れてきた戦後最初の世代です。

この原体験の違いは、前述の「旧オヤジ世代」と「新オヤジ世代」の決定的な差異ではないかと思うのです。

このように新旧のオヤジ世代は、幼年期の原体験からまず異なっていますが、そのあと学生時代を通じて、その体験の違いはさらに際立っていきます。「旧オヤジ世代」の場合、ちょうど大学生の頃に、いわゆる「学生運動」を経験したからです。

当時は、ビームスやシップスなどのセレクトショップもまだなくて、お洒落をしようと思ってもそのためのお店はほとんどありませんでした。そもそも当時の学生は、みんな貧乏です。一握りの裕福な家の子どもでもない限り、お金なんてほとんど持っていません。ましてやクルマを買うなど夢のまた夢です。

そうなると、必然的に他人との差別化は内面的なものに限られることになっていきます。たとえば、「キミは太宰治を読んでいるのか。でも、僕はカミュやサルトルを読んでいるからね」といったように。

その結果、当時の学生のほとんどが学生運動に流れていくわけですが、多くの人にとっては、学生運動そのもの、たとえば「どこかのセクトに所属する」といったことも、ある意味一つのファッションだったのではないでしょうか。ファッションにおける「キミはアメリカントラッドだったら僕はクラシコイタリア」というのと同じように、「キミが民青だったら僕はブント」というように。

こんなことを言うと先輩方にひどく怒られてしまうかもしれませんが、そうした時代のなかでの若者一人一人の精一杯の自己表現というのが、学生運動の一つの側面だったのではないかと思うのです。みんなが本当に哲学的に、イデオロギーに目覚めたりしたのではなかった。もしそうであったなら、日本はあの時代にもっと変わっていたのではないでしょうか。お金がなかった。モノがなかった。モノを買える時代じゃなかった。だから若者たちは、文学や哲学や政治にエネルギーを燃やし、そこに自己表現を託した。「旧オヤジ世代」の人たちは、そういう時代に青春をすごしたのだと思います。

それに対して、その次の「新オヤジ世代」の学生時代は、世の中がすでにかなり豊かになっていた頃でした。学生の身分であっても、そろそろお洒落ができるようになっていて、『ポパイ』(マガジンハウス刊)などの雑誌も登場し、学生のあいだにアメカジブームが到来したりしていました。クルマを持っているような大学生も、少しずつ現れてきました。

要は、知識や教養といった内面のみならず、お金を出してモノを買って、外面でも人と差別化ができる。そういうことに人々が慣れてきた時代に青春期をすごしたのです。

そして今、「旧オヤジ世代」の人々が初老になって表舞台から徐々に退いていき、代わって比較的豊かな幼年期や学生時代をすごし、子どもの頃からモノで人と差別化することに慣れ、そうしたことにあまり抵抗感がない世代の人たちが、「オヤジ」と呼ばれる年代に達した。それが私のいう「オヤジの世代交代」です。

「旧オヤジ世代」の感性からすれば、たとえばおとどし買ったスーツをタンスで見つけたときには、「綻びてもいないのに捨てるなんてとんでもない！ まだまだ着られるじゃないか」といった反応を示すことになります。彼らは、いうなれば「巧言令色少なし仁」といった価値観で育ってきたからです。贅沢や物欲はあさましい。流行を追って着るものにお金を使うなんて、男のやることじゃない。去年買った、おととし買った、3年前のスーツでも、まだ着られるからいいではないか、と。

ところが「新オヤジ世代」の場合には、たとえまだそのスーツが着られようが、ひとたびトレンドが変わって流行のラペルの幅が広くなってしまったら、「あっ、これは新しいスーツを買わなければ！」という感覚になるのです。『メンズクラブ』を読み、『ポパイ』を読み、『ブルータス』を読んで育ってきた世代が、オヤジになりかけている。そうした「新オヤジ世代」なら、こうした雑誌も十分受容するだろう。「待ってました！」という人もいるに違いない。

そういった読みが、私が『LEON』をスタートさせた判断要因の一つでもありました。

「モテるオヤジ」という仕掛け

「モテるオヤジの作り方」という特集が、『LEON』創刊4号目である2002年2月号で大ヒットしたというお話しをしました（104ページ参照）。そもそもこの企画の発想は、『LEON』でいう「オヤジ世代」の人たちのメンタリティを考えた場合に、「やっぱり日本人ってシャイなんだよね」というところからスタートしています。とくに、オヤジ層はシャイだと思うのです。

たとえば、「クラシコイタリア」というイタリアのスーツの様式（スタイル）があります。日本でもなかなか人気があるので、多くの雑誌がそれを捉えて特集を組んでいるのですが、つけられるタイトルはといえば「これがクラシコイタリアの真髄だ！」といったようなものが多いのです。同じようにクルマの場合ならば、たとえば「ヨーロッパのラグジュアリーカー徹底比較」といったようなタイトル、時計なら「魅力的な機械式時計の世界」などなど。

つまり、これまでは、そのシャイなオヤジ世代に向けて、専門誌でもないのにマニアックな情報をコンテンツとし、画一的なタイトルと内容を持った企画を読者に提供してきたライフスタイル誌がほとんどでした。

それでは、そうした特集をしっかりと読んで、「クラシコイタリアの真髄」を学び、「ダンディズムの真髄」にも触れることができたとしましょう。しかし、結局のところ真髄に触れることができたらどうなるのでしょうか？

実はそうした特集の本を買う読者の欲求は、クラシコイタリアのスーツを着ることで、「自己表現」をすること。自己表現とはなにかといえば、「他人との差別化」です。

そして、最終的にその欲求の根源を突き詰めると、「他人と差別化して、女性に素敵だと思われたい」「あわよくばモテたい」。私は、そこに行き着くのではないかと思ったのです。

だから、「ヨーロッパのラグジュアリーカー徹底比較」というテーマ一つをとっても、読者の中には純粋にクルマが好きな人もいると思いますが、一般的には「素敵なクルマでデートに行きたいな」といった程度の欲求を持った読者のほうが多いはずです。それにもかかわらず、これまではライフスタイル誌までもが、もっぱら「オタク向け」の情報しか提供してこなかった。

それではいけない。もっと読者の本音に迫る企画にしたい。『LEON』としては、そのほうが読者にはきっと「刺さる」。男である以上、みんな「モテたい」と心のなかで思っているはずだ。

そこで、思い切って本音で読者に語りかける特集にしようと決めたのです。そんなコンセプトを中心にしていろいろタイトルを考えたのですが、なかなかすぐにはしっくりくるものが見つかりません。するとスタッフの誰かが「要は『モテるオヤジ』を作る特集なんですよねぇ」とつぶやいた。これだ！と思った私は、それをそのままタイトルに使うことに決めました。

そうして、「モテるオヤジの作り方」というヒット企画が生まれたのです。

本音のコミュニケーション

これまでの雑誌は多くの場合、いわゆる「建前」や「取り澄まし」の世界にとどまり、読者との「本音のコミュニケーション」を回避してきました。『LEON』以前にも、同じような読者をターゲットにした雑誌は多々ありましたが、年収が1500万～2000万円以上の高額所得者向けで、対象年齢も30代後半以上となると、必然的に取り澄ました表現で当たり障りのない話に終始する「建前本」がほとんどで、それが当たり前と思われていました。だからこそ、このジャンルの雑誌はこれまであまり売れなかったのです。

第3章でもお話ししたように、何事もそうした「建前と取り澄まし」で済ませてきたライフスタイル誌の世界では、「モテる」「オヤジ」などといった言葉は禁句でした。しかし私は、はっきり本音で読者とのコミュニケーションをとるためには、これに代わる言葉はない。一番インパクトがあって、納得感も高い言葉だ。そう確信して『LEON』で使うことにしたのです。

ですから、こうした表現は『LEON』を「高級誌」と捉えてきた多くのクライアントにとっては、驚きでもありました。「モテる」なんて下卑た言葉を使うとは！　えっ？　うちの服をオヤジに着せる!?

当時の「オヤジ」という言葉は、そのまま「親父」のことを意味していたのですから当然です。

しかし、結果としてそうした読者との「本音のコミュニケーション」は大成功を収めました。その特集をした号は完売して、そこで紹介された商品も、読者からクライアントに続々と問い合わせが入り、いたるところで完売するという現象まで起きたのです。

そして、我々のやり方は驚きから称賛に変わり、クライアントも『ＬＥＯＮ』に絶大な支持を寄せるようになったのです。

Ｂｅｇｉｎ時代の仕掛け

かつて雑誌『Ｂｅｇｉｎ』の編集長を務めていた頃も同じでした。『Ｂｅｇｉｎ』で紹介しているモノも、つまるところ普通の生活には必要のないモノばかりでした。今でこそ時計ブームというのが定着していますが、『Ｂｅｇｉｎ』を始めた頃は時計ブームのトの字もありません。もちろん、時計専門誌はいくつかありましたが、雑誌業界のなかでも非常にマイナーな存在でした。

ところが、雑誌にはクライアントがいて、その中には時計メーカーやブランドもいます。クライアントの商品が売れるようにするには、時計ブームを是が非でも雑誌のほうから起こさないといけません。ブームというのは多くの場合、自然発生することはないからです。

では、ブームを起こすにはどうすればいいのか？

当時は、「時計なんて1個あればいいじゃないか。なんで2個も3個も必要なの？」と思われていたのです。そこで、「他人との差別化」というテーマに焦点を当てることに決めました。

その結果生まれた特集のタイトルは、「キミはつり革バトルで勝てるか」というものでした。電車に乗ってつり革を持ったときに、横に立っている人の時計をパッと見る。そのときに、あなたはその時計で隣のヤツに勝てますか？　そうして読者の不安を煽り、プライドを刺激したわけです。このようにして時計ブームに強制的に火をつけていきました。

火のないところに煙を立たせることも、この分野の雑誌の役目です。ファッションに正解はありませんし、現在ではユニクロやGAPに行けば数千円でそれなりの服が一揃い手に入ってしまいます。ライフスタイル誌では、値段がその何十倍・何百倍もするような服がいかなる幸福をもたらしてくれるのか、という話を説得力のある形で展開して、読者の購買意欲を刺激し続けていかなければならないのです。

リアリティと説得力

『LEON』で紹介された商品が、どうしてそれほどまでに売れるのか？　と聞かれることがよくあります。それは、『LEON』の記事にはそれだけのリアリティ（実際性）と説得力があるからに他なりません。

今までのファッション誌の記事は、「ラペルのステッチの幅は何ミリが正解です」というような、いわばテクニカル（専門的＝オタク）な話に終始していました。しかし、何度もお話ししたようにそれ自体は一般的な読者の欲求に結びついているわけではありません。

それに対して『LEON』では、「これをこういう形で身につけると、かれこれこういう理由でモテるようになる」といったように、必ず実用的な話に落とし込んで、その商品のキモ（価値あるポイント）を読者に紹介するようにしています。だから読者は、納得して実際に商品を購入するようになるのです。

セレクトショップでヒーローになるための「オタク」話というのは、世の中にたくさん溢れています。もしくは、クルマ屋さんを相手に話をしたときに「ああ、コイツわかってんな」と思わせるような話や、時計屋さんで「よくご存じですね」と言われるような情報を満載した雑誌というのもたくさんあります。

しかし『LEON』のように、「異性に好印象を抱いてもらう」といった本音のテーマで、かつリアリティのある話を展開してくれるようなメディアというのは、過去にありませんでした。それが、『LEON』が爆発的な成功を収めた理由の一つであり、『LEON』で紹介された商品が売れる理由でもあると思います。

力の源としての企画力

クライアントから「こういう商品を紹介するタイアップ企画をお願いしたい」といわれたとき、『ＬＥＯＮ』ではそれをどのように組み立て、ストーリーにしていくのか。

そのすべての基本となるのは、企画力です。

ライフスタイル誌のようなメディアにとって、企画力は生命線です。本来、企画力がないと、雑誌は売れるはずがありません。

以前ある出版社に招かれて講演をしたとき、最後の質問コーナーで「『ＬＥＯＮ』でやっているような企画は、どうやったら思いつくんですか？」という質問が出て驚いたことがありました。我々編集者にとっては、企画を考えることは「商売そのもの」であるからです。それを同業者である人に質問されるなんて……。

そういうことが起こるのも、前述したような「記者クラブ制」のもと、勝手に集まってきた情報をそのまま記事にしているような雑誌が巷に溢れている、という現実があるからだと思うのです。多くの出版社、編集部が、そういう悪弊から抜けられずにいます。

たとえば、新製品の名前をそのままタイトルに使う。ルイ・ヴィトンがニューモデルを出したとしたら、「すべて見せます！この秋冬のルイ・ヴィトン」といった安直なタイトルをつけてそのまま特集を組む。そういうことが当たり前のように行われてきました。

ニュースリリースと共にクライアントが新製品の情報をくれて、それを右から左に読者に紹介するのがライフスタイル誌を作るという仕事だ、という不遜、手抜き、思い上がりのようなものが、まだまだ多くの雑誌の編集部に体質として残っているのです。

そういう意味では、我々こそ「正攻法」で雑誌作りに取り組んでいるといえるのかもしれません。新製品は次々と世の中に登場してきますが、我々はその中のどれが「モテる」という目的にもっともかなうか、まずは見立てをしっかり行います。そして、その見立ての根拠とはかくかくしかじかであるということを、記事の中で組み立てているにすぎないのです。

新製品といえども、他と大きく違っているということはあまりありません。たとえばファッションで考えれば、デニム一つとってもたくさんありますが、「このデニムがとくに優れている」ということはほとんどの場合ないのです。そんな中で無理やり各製品の細かな違いを述べ立てて優劣をつけたところで、読者は動かない。そこで我々は、「モテるかどうか」という基準を持ち込んで選択を行っていますが、それとて正解であるわけではありません。あくまでＬＥＯＮ流の基準によって、我々が勝手に決めているだけのことです。そこを考え、読者に対して説得力のある形に作っていくのが「企画力」なのです。

たまたまこの世の中に年収１５００万円以上で「モテたい」と思っている「ちょっとヨコシマなオヤジ」がいて、たまたま彼らの心の琴線に、ＬＥＯＮ流の語り口が今刺さっている。『ＬＥＯＮ』に限らず、売れている雑誌というのは、対象とする限られた読者に向かってだけ、彼らに役に立つ話をしているから売れている、ともいえるのです。

ですから、『ＬＥＯＮ』で読者にウケた話が、他の雑誌の読者にウケるとは限らない。そういったことも意識に置いて、ターゲットとなる読者に向けて、個々の商品の見立てをきっちり行っていく。その活動の延長線上に豊かな企画力が生まれ、それこそが、雑誌をビジネスとして成功させる力の源となっていくのです。

道《どう》を立てればお洒落が引っ込む

『LEON』の読者というのはたかだか10万人程度。日本国民のなかの、ほんの一握りにすぎません。ですから、ここで書くことは、すべての雑誌読者やすべての雑誌に当てはまるわけではありません。それをご理解いただいた上で、より『LEON』の核心に迫る、これまで何度か書いてきた「道《どう》」と読者の本音について、くわしくお話します。

『LEON』が出る前も出たあとも、世の中にはメンズ誌がたくさん存在しています。そのなかにはファッション誌もあり、それぞれの雑誌にはそれなりにファンもついています。『LEON』を作るにあたり、まず雑誌のコンセプトをよく考えました。既存の雑誌はどういう作り方をしているのか。そして、作り手である人たちは、今までどういう雑誌を読んできたのか。

元来、日本人というのは非常に学習好きな国民です。「教養主義」ともいえるかもしれません。

たとえばファッションはその典型なのですが、とにかく情報を整理したがる。「ブリティッシュトラッド」というスタイルがあったとしたら、それは一体どういうものなのか？　起源はどこか？　発祥はどうやらイギリスのロンドンで、そこに背広（スーツ）の語源にもなった「サビルロウ」という服飾の街があって、そしてそこから発信されて……云々。

このように、百科事典に載っているような知識を正確に知りたがる。さらに、そこの正しい洋服の着方はこうで、セオリーはこうだ。ファッション誌の読者は、そういったことを雑誌から一生懸命学ぶわけです。

雑誌もまた、そうした読者の知識欲に応えるのが仕事だといわんばかりの誌面作りを続けてきました。ブリティッシュトラッドのスーツの形はこうで、ラペルの幅はこうでパンツのスタイルはこう。そしてクラシコイタリアのスタイルはこうだけど、アメリカントラッドはこうだ、というように。雑誌も読者も、そういう「オタク的な」知識を蓄積することが「お洒落になること」だと、盲目的に信じていたのです。

それに対して『ＬＥＯＮ』では、まずはそうした「カテゴライズされたスタイル論」を捨てます。読者に対して「それで結局、ブリティッシュトラッドを極めてどうするの？　クラシコイタリアを、アメリカントラッドを極めてどうしたいの？　本当のことをいいなさいよ」

と、本音のコミュニケーションを迫りました。

そうやって、読者の「本音の本音」を突き詰めてそれを要約してみると、結局のところ「モテたい願望」というものにつながるのではないか。

それならば、そもそもの煩瑣なスタイル論や服飾の知識なんて必要ない。人に「お洒落」と感じてもらって最終的に「モテる」ためには何が必要か。そういうことに議論を集約したほうがいい。そうした理由で、『LEON』では「モテる方策」以外のファッション論議は、基本的にすべて封じてしまうことにしたのです。

従来のファッション誌が取り組んできたような「オタク」な知識や教養の掘り下げを、私は、「なんとか道《どう》」と呼ぶ、とお話ししました。この「なんとか」には、ファッションのほかにもいろいろなものが対象として入ります。

たとえば、古くから存在する典型的なものに「クルマ道《どう》」があります。路面からのハーシュネスがこう、箱根の芦ノ湖スカイラインを走らせたら低速でのアンダーステアがこう、V6エンジンでバルブやインテークの構造がこう……と、素人がやたらにテクニカルタームを多用して専門家ぶった話をしたりする。前述のとおり日本人は向上心が旺盛なので、かつてのクルマブームのときは、そうした議論に参加して「クルマ道《どう》」を究めたい、という一般読者の人もたくさんいました。だからクルマ専門誌はよく売れたし、ライフスタイル誌もクルマのページは、そういうオタク向けの作りで事足りていたのです。

しかし、そうしたクルマブームが落ち着いてしまったら、そうしたハードウェアの細かい話にまで関心を持つ人の数が減ってしまった。とすれば、もう「クルマ道《どう》」で一般読者の納得を得ることはできません。「ドイツのクルマのサスペンションはこうだけど、フランス車だとこういう風に味付けが変わる」……そういった話よりも、単刀直入に「こういうクルマに乗れば、あなたはお洒落に見えて、もっとモテます」と、そういう話をしたほうが読者は納得する。これが『LEON』がやったことです。

時計などもいい例でしょう。ムーブメントはスイスのなんとかというメーカーが作ったものので、型番は何番でトゥールビヨンの機構というのはこうで……というようなオタクな知識を身につけるのをよしとする「時計道《どう》」。ブームが来たりすると、得てして日本人はそういうものに踊らされてしまうことが多いのです。

いったん「道《どう》」に目覚めたら、やみくもにそれを究めようと努力して、周囲の評価など一切眼中になく、ひたすら「セレクトショップのヒーロー」を目指して努力する。その結果「オタク」の世界で盛り上がる、という人がいっぱい出てくるわけです。

その姿というのは、人から見ればあまりお洒落でもないし魅力的でもない。当然、女性にもモテない。

もちろん、雑誌にはいろんな読者がいて当然です。「道《どう》」を究めることが幸せという人もそれなりにいるでしょう。それを一概に否定するつもりはありません。「道《どう》」を追求した結果、女性にもモテたという人も、世の中にはいるでしょう。

しかし、少なくとも私は『LEON』では、これからもそうした「道《どう》」の追求を否定していこうと思っています。「道《どう》を立てればお洒落が引っ込む」。それが『LEON』の基本的な主張です。そして、そうした単刀直入な主張に目覚めたオヤジ世代の読者が多くいたからこそ、『LEON』は成功することができたのだと、私は考えているのです。

次に来る流行を作る

「よくこういう流行が来るとわかりましたね！」と人からよくいわれることがあります。しかし、そもそも私は「次の流行」というようなことを考えて雑誌を作ったことは、過去にも現在にもありません。

もちろん、ファッションにはトレンドがあります。たとえば、パリコレクションやミラノコレクションが開催されると、そこから新たなトレンドが発信されます。こうした外から発信されたトレンドに関しては、『ＬＥＯＮ』の場合にはいったん編集部で咀嚼した上で、抱えている読者を睨み、それにいろんなものをプラス、あるいはマイナスして誌面に吐き出すことにしています。

その一方で、たとえば、メンズのジュエリーというものを『ＬＥＯＮ』が提案しました。その結果、ブレスレットをジャラジャラつけたり指輪をしたり、あるいはネックレスをしたりするオヤジが増えました。あるいは、これは『ＬＥＯＮ』が創刊号からずっと主張しているように、「サーフィンが今格好いいですよ」という。すると、レンジローバーに乗ってエルメスのタオルを持ってサーフィンに出かけるオヤジが、実際に増えた……。

そうした現象を捕まえて、人から「よくオヤジのサーフィンブームが来るのがわかりましたね」とか、「オヤジのジュエリーブームが来るのがよくわかりましたね」といわれます。

そして続けて「どういうリサーチを行って予測をしているのですか?」と聞かれます。

私も、広告代理店の方から、40代中年層の意識調査みたいなデータをいただくことがあります。しかし、リサーチや意識調査のレポートの類に頼っていたのでは、『LEON』のような雑誌を作ることはできません。だから、私はその類のものはほとんど見ていませんし、一切あてにしていません。

では、どうしているのか?

そうした流行のいくつかは、我々が恣意的に作り出しているものなのです。

すでに何度か述べてきたことですが、そもそも流行というのは自然に発生するものではありません。必ず、パワーを持った誰かがどこかで仕掛けているのです。パワーとは、老舗のラグジュアリーブランドであったり、今強力に売れているブランドであったり、デザイナーであったりといろいろですが、その一つが雑誌です。

では、流行とは一体なんなのでしょうか？

人は元来、本能として「私はこういうヤツなんです」という自己顕示の欲求を持っています。洋服や時計やクルマなどを買うのもいうなればその延長線上で、そうしたモノに託して人それぞれが自己表現しているのです。そして、人がそれぞれ自己表現を行うと、次には「あなたと私、私はみんなとはこんな風に違うのよ」という「差別化」の欲求が生まれます。つまり、自己表現をしようとする上で、他人との違いや優劣といったものを、ことさら強調したくなってくるのです。こうした欲求を満たすための手段が、流行の正体です。

たとえば、「隣の家のクルマは国産だけど、うちはBMWなんですよ」。もしくは、「隣の家がBMWを買ってしまったから、うちは買いたくない。違うブランドのクルマが欲しい。できれば、BMWよりも立派に見えるクルマが欲しい」。簡単にいえばこういうことです。自己表現する上でほかの人とは差別化したいという願望が人間の本能にあって、それが流行というものを次々生み出す原動力となっているのです。

それがたまたま、メルセデスやBMWであったり、サルトルを読んでいる・いないであったり、学生運動に参加している・いないであったりするのです。

流行が加熱すると、ブームになります。西欧の個人主義というものに対して、日本人は基本的にアイデンティティという概念が希薄であるために、一度ブームが起きると、その中身よりもブーム自体に乗せられてしまう人がたくさん現れます。ときには、国民総出のブームが起きることもあります。

これには、日本人の国民性も関係しているでしょうし、とりわけ戦後日本の平等主義の下で「みんな同じ」の中庸が美徳とされてきたということもあるかもしれません。フォロワータイプの人々にとっては、そうしたブームに乗ることで「みんなと同じ」という安心感を持てる。「自分は落ちこぼれていない」という自尊心を満たすことができる。そして、ブームの先頭に立っているような人たちは、「いずれみんなが俺の真似をするようになる」と優越感を味わうことができる。

そのメカニズムを熟知すれば、雑誌がブームを先導（あるいは煽動？）することも難しくないでしょうし、実際に『ＬＥＯＮ』は創刊以来、それを戦略の一つとして実行しているのです。

ブームの火を焚き続ける

『ＬＥＯＮ』は、基本コンセプトとして「道《どう》」の追求を否定しているとお話ししました。それは、あたかも「オタク」を否定しているように受け取れるでしょう。しかし、より正確にはオタクを否定しているのではありません。

「オタクに見られるとモテないですよ」といっているのです。

たとえば、時計のブームというのは過去にもあり、今ではすでに定着しているといえます。そうなると、この時計ブームもいつ終わるかわかりません。そろそろ飽きてきたという人も出てくるでしょう。

とはいえ、ライフスタイル誌である『ＬＥＯＮ』の立場としては、重要なテーマの一つである時計への読者の関心を下降させるわけにはいきません。そこで、２００４年８月号の時計特集には、「〝ゼンマイ〟オヤジは止まらない！」というタイトルを付け、まだまだ時計は面白い、という話を展開したのです。

そして２００５年８月号でも、「いま時計選びは『オタク』で『お洒落』です！」という特集を組みました。去年とちょうど同じ時期の時計特集ですが、ここでもタイトルをつけるときに、「まだまだ時計が面白い！」というメッセージを込めたのです。このときは、「オタク」か「お洒落」かという二者択一ではなく、「オタクにしてお洒落」な時計がいいですよ、という提案を行いました。

『LEON』という雑誌を成立させる上で、時計というジャンルはとても重要です。クライアントもたくさん存在し、高い関心を持っている読者もたくさんいる。我々としては、「時計はまだまだ面白い」というメッセージを読者に送り続け、クライアントの商品の売上げにつなげていくことがビジネス戦略的にも必要なのです。

これは前述した「ブームを先導して作り出す」ということにもつながりますが、ときとして時計のようなアイテムの「ブームの火を焚き続ける」ことも、『LEON』のようなライフスタイル誌に求められる重要な役割の一つといえるのです。

LEON2004年8月号　表紙

LEON2005年8月号　表紙

雑誌を売り続けるためには、同じ特集ばかり何度もやっているわけにはいきません。編集者は常に新しいテーマを求めていく必要があります。

あるとき、『LEON』でオヤジの「体」の特集をやろう、ということになりました。オヤジの体というのはどうあるべきか、というテーマです。そこで、担当の編集部員を呼んで「次は体特集をやる。私も考えるからあなたも考えなさい」と指示したところ、数日後にその編集部員が30ページくらいのコンテを作って持ってきました。

ところがコンテを読んでみると、それは既存の雑誌でよく見かけるような内容でした。つまり、スポーツジムに通ってムキムキマンになりましょう。ついてはこんな運動がいいですよ。そしてこんなジムがありますよ、というものです。

たしかに、普通に考えればそういう企画になるかもしれません。しかし、これでは既存の雑誌と何が違うのか。ほとんど同じではないか。

そもそも、それで読者の本音に迫れているのだろうか？

『ＬＥＯＮ』で紹介している商品というのは、ほとんどがお金さえ払えば手に入り、それを身につけるなり所有するなりすれば、なんとなく格好がつくといったモノです。しかし、当たり前の話ですが、ことスポーツジムということになると、日本で一番高いジムの会員になったとしてもそれだけではなにも解決しない。そのジムに通ってきちんとトレーニングなどをしなければならない。成果を上げるにはそれなりの努力が必要になる。

これは実は私自身そうなのですが、オヤジ世代の人間はもう「努力する」ことに疲れているのではないかと思いました。日本にジムが普及し始めた15年前や20年前であれば、ちょっとした優越感から一生懸命トレーニングに通ったかもしれません。しかし、今さらジムに通って努力するのは、私もうんざりだし、きっと『ＬＥＯＮ』の読者もうんざりに違いない。

そうすると、「ジムへ通ってムキムキになりましょう」という話は、おそらく『ＬＥＯＮ』の読者には通用しない。

そこで、発想を逆転させます。努力をしないですむ、「現状肯定」の路線で行くことを考えました。オヤジはちょっとくらいムチッとしているほうがいい。むしろムチッとしているほうがモテますよ、という特集を展開することにしたのです。

しかし、そうすると否定しなければいけない対象も生まれてくるのです。ムチッとしていたほうがいいとなれば、その反対の、痩せてスリムな人や、スポーツジムでムキムキにしている人を否定しなければいけない。となると、その理由づけも必要となります。

ならば、「ガリガリのオヤジは小僧みたいで貧相でリッチじゃない」といった、ともすれば強引に聞こえるような論理を組み立てました。同様に、実際にジムに通って成果を上げているような人に対しては、「浅黒くってムキムキなオヤジってなんか仕事してなさそうだ」。ジムばっかり行っているような人は、社会人としてまっとうには見えなくないですか？　社会とちゃんと折り合いをつけてないみたいじゃないですか？　つまり、「ガリガリやムキムキのオヤジなんかいけない」という主張を強引に作って特集を展開したのです。

そうして2004年6月号に、「モテるオヤジは体がちょいムチ」というタイトルをつけて特集を組みました。結果、この号は見事完売したのです。

私が『LEON』で用いた「錬金術」はほかにもいろいろありますが、これはそのなかで、もっとも成功した一例でした。

LEON2004年6月号　表紙

LEON2004年6月号　本文

モテるオヤジはどこまで続く

前述のように、雑誌は同じ特集ばかりやっているわけにはいきませんし、ブームも刻一刻と流れていきます。『ＬＥＯＮ』が起こしたブームももちろん例外ではなく、私はそれがずっと続くとは思っていません。

しかし、「モテたい」という願望は人類普遍のものだと考えています。

そもそも、『ＬＥＯＮ』はあくまで「たった今モテるためにはこれが有効ですよ」という話をしているだけであって、それが未来永劫有効であるはずがありません。今モテるアイテムはこれですよ、でもしばらくすると、今度はモテるアイテムはこれに変わりましたと、毎月手を替え品を替えて作っています。そうした情報に鮮度があり、展開されている話にリアリティと説得力がある限り、『ＬＥＯＮ』は支持され続けるでしょう。

『ＬＥＯＮ』の場合では、常に新しいテーマを求め続けるという苦労がありますが、同時にそれはブームの対象が次々変わっても生き残っていけるという強みでもあります。それに対して、ある一つのジャンルを専門にしたライフスタイル誌などのように、特定のジャンルに依拠して作っていかねばならない場合は、厳しい状況が待ち受けているかもしれません。当該アイテムのブームが終わってしまったら、雑誌は存亡の危機に立たされてしまうことになるからです。

『LEON』においても、たとえば「ちょい不良《ワル》」などという表現に関しては、時代とともにどんどん移り変わっていくことになるでしょう。それに対して、「オヤジ」という言葉は、対象読者が中年以上の男性であり続ける限り使い続けると思います。その一方で、ピンクゴールドを「桃金《モモキン》」と呼んだり、ベルトまでゴールドの時計を「フル金《キン》」と呼んだりするといった、企画のキャッチに使う言葉は、これからもどんどん「発明」していくつもりです。

お門違いのLEON批判

かつては、読者が雑誌を1ヶ月に1冊くらいしか買えない時代がありました。その頃は、収入に対して「雑誌は高価なもの」とされていたのです。

そのため、昔は1冊で読者のすべての要求がまかなえるような「総合誌」が全盛でした。

メンズ誌の場合なら、政治、経済、スポーツはもちろん、文芸、ファッション、クルマまで、さまざまな要素を1冊に押し込んだ雑誌が、多くの読者の支持を集めて何十万部も売れていたのです。

ところが今では、仕事のために経済誌を読み、サーフィンが趣味なのでサーフィンの雑誌を読み、釣りも趣味なので釣りの雑誌を読み、はたまた最近料理に凝っているので料理の専門誌を読む。そんな人はたくさんいると思います。

つまり、今や雑誌は決して高価なモノではなくなった。その気になれば、誰もが何冊でも買えるという時代になったのです。読者はそれぞれのニーズに合わせて雑誌を買って、ニーズに合わないものは買わない。

その結果、総合誌は廃れ、雑誌はジャンルごとにどんどん細分化しています。雑誌がかつての「全人格的」なものから、テーマに合わせて読者に情報やエンターテイメントを提供する「単機能型メディア」へと、変質してしまっているのです。

それにもかかわらず、いまだにある特定の雑誌の主張や物いいを「人格的なもの」と捉えて、それが「理想像から外れている」という批判をする人もいます。

たとえば、『LEON』の内容やコンセプトに対して、「そんな外面だけ格好つけて、中身がない人間でもいいのか」といった苦言を述べるようなケースです。

『LEON』は、誌面でそうした人間の内面的なあり方について何らかの主張をしたことは、かつて一度もありません。

『LEON』の読者は、ごく一般的なビジネスマンの方もいれば、弁護士や医師、会社経営者といった人、あるいはスポーツや芸能といった分野で成功を収めた人などさまざまです。そんな彼らが『LEON』に望んでいるのは、仕事上の専門的な知識でも、あるいは政治経済の情報でも、まして生き方の指南や哲学的な考察でもない。レベルの高い読者である彼らだからこそ、たかだかライフスタイル誌にすぎない『LEON』に、人格形成の手助けなどは期待していない。私はそう思っているのです。

『LEON』はあくまで、『LEON』が想定する世の中のごく一部の読者に対して、彼らにとっての「耳寄りなライフスタイル&トレンド情報」を提供するという雑誌にすぎません。それなのに、「読んでも知識や人格が高まらない」とか「格好の話だけしかない」といわれても、「そういう役割の雑誌じゃないので」と申し上げるしかない。

もちろん、現在でも『ＬＥＯＮ』以外のライフスタイル誌のなかには、政治経済や教養娯楽のテーマもカバーして、読者の「人格形成」に寄与せんとしているものがあります。ビジネスとしてそれでうまくいっているのならそれはそれで結構なことだと思いますが、私個人としては、そういう雑誌の行く末に対して懐疑的です。

なぜなら、もし私が本気になって「この世の中や人生というものの真実を学びたい」と思ったとしたら、一ヶ月読み捨ての雑誌、ましてやライフスタイル誌などにその役割を求めたりはしないだろうからです。そういう目的をファッションではなく本質的に達成したいのなら、もっと専門的な書籍や勉強方法がいくらでも存在する。そのことは、ある程度レベルの高い読者なら、誰もが承知していると思うのです。

私の推測では、一部のライフスタイル誌が依然としてそうした「生活情報」とは関係のない政治経済や教養娯楽のテーマをカバーしているのは、一つはそうしたことで「雑誌の品格」を繕えると思っているからではないでしょうか。だとしたら、それこそがまさに『ＬＥＯＮ』を批判するフレーズの「外面だけ格好つけて」に他ならないではありませんか。あるいは、かつての総合雑誌全盛時代からの惰性が今も続いているのかもしれません。

『ＬＥＯＮ』のような雑誌に全人格性を求めたりするのは、たとえていえば、ドラッグストアで買った市販薬でガンを治そうとするのと同じです。あるいは『ＬＥＯＮ』を読んで「格好ばかりで中身がない」と批判するのは、デザートを食べた人が「美味しいけど栄養がない」と文句をいうのと同じです。

どんな雑誌をやっていても、編集長はさまざまな批判にさらされることになります。的確な批判は歓迎しますし、私もときにはそうした外部の声を参考にして、仕事のやり方を改めたりすることもあります。

ただ、前述のような『ＬＥＯＮ』に対する批判は、現在の雑誌の在り方についての根本的な誤解から発していると思うのです。時代とともに雑誌というメディアの役割も変わってきており、そのなかで、今の時代に合ったライフスタイル誌として『ＬＥＯＮ』が存在しているのですから。

私は、『ＬＥＯＮ』が「単機能型メディア」であることに誇りを持っています。そして、これからも、『ＬＥＯＮ』だけがライフスタイル誌としてできることに集中し、そうしたものとしてさらなるクオリティアップを図っていきたいと思っているのです。

勝負と博打の大いなる違い

雑誌作りに限らず、ビジネスをする上では共通したことですが、物事には流れがあり、潮時というものがあります。雑誌を統括する立場にある編集長もまた、ときと場合によって厳しい判断を迫られる場面に遭遇します。

今振り返ってみると、『ＬＥＯＮ』を作る上では、何度か書いてきた創刊４号目である２００２年２月号で「モテるオヤジの作り方」の特集を世に出したときが、まさにそうした「勝負の分かれ目」でした。

しかし、私はヤマ勘に頼ってその決断を下したわけではありません。いかなる判断にも失敗と成功の可能性がつきまといますが、ビジネス上の勝負はできるかぎりの計算をあらかじめした上で挑むものであって、「一か八か」というような博打とは違います。この点を勘違いしてしまうと、10回戦って10回とも負けてしまうことになります。

たとえば、かつての出版社では単行本などを作る場合、「１００冊出したうちの１冊が大当たりすればいい」というような考え方がありました。しかし、仕掛けも計算も施されていない本を100冊出したところで、たいていの場合は1冊も当たらずに終わってしまうのです。1冊1冊中身と戦略をよく吟味した上で100冊を世に問うてみて初めて、たまたま計算が当たった1冊が成功する場合がある。ビジネスというのはそういうものです。

同じことは雑誌にも当てはまります。『LEON』を作っていると、読者でも作り手でもない人から「息抜きのページがないですよね」といわれることがあります。また、編集会議でも新人スタッフなどからいわれることもあります。

そもそも息抜きのページというのは、結果として自然と生まれるだけのものです。編集部としては、すべてのページを「一騎当千」にするつもりで作らなければならない。そうしてでき上がったページの中から、買っていただいた読者が「このページが面白い」「つまらない」という判断をする。そして、結果としてその「つまらない」ページが全体のなかの息抜きになるのです。初めから意図してそのようなページを作るのは、単に作り手の手抜きにすぎません。そんな気持ちで作った雑誌は、結局読者から大方のページが「つまらないもの」と判断されて、誰も買ってくれなくなってしまうでしょう。

「超付加価値」が求められる時代

その昔、まだモノが少なかった時代には、モノそれぞれに価値があって、それを持っているだけで人との差別化ができました。しかし、モノが溢れるようになった現在では、たとえ高価なクルマに乗っていたり、ブランドの服を着ていたりしても、それだけではなかなか人との差別化の決め手になりません。つまり、本来ブランドが持っていた「付加価値」というものすら、今では混沌としてしまい、見失われつつあるといえるのかもしれません。

今では、その「付加価値」のさらに上をいく「超付加価値」とでも呼ぶべきものを見出さないと、なかなかモノの選択ができない時代に差しかかっているのです。

私は『LEON』を作る上で、この「超付加価値」にスポットを当ててきたつもりです。かつては誰もが憧れていたような人気ブランドの商品が、今や巷に氾濫して、みんなが持っているようになってしまった。だったら、自分はまだみんなが知らないブランドが欲しい、でもちゃんとイバリが効く、といったモノです。微妙なさじ加減による感覚的な見立てで、見ようによっては極めて曖昧な根拠をもとに、モノ選びを行っています。

そういった「超付加価値」的なところを見立てるには、雑誌の作り手にもそれだけの資質が必要です。その資質を養うためにはどうすればよいのか？　それには、私生活を含めて、自分自身が時代のトレンドの中にどっぷり浸りきるしかありません。

つまり、自分自身が「究極のミーハー」にならねばならないのです。

たとえば、時計ブームというのがあったとすれば、私は私生活も含めて自分を時計ブームのまっただなかに置きます。すると、次の時計ブームが始まろうとしているときに、冷静な観察者としてではなく読者の目線でモノを見て、同じ気持ちで考えることができるのです。ロレックスに始まり、スウォッチをこなし、次にマニファクチュールへ……と。

そうして読者と同じ気持ちに立って、読者の先頭を切って走るようにしていると、今までのものにタイミングよく飽きてきたり、仮に「次にこれが来そうだ」というものが10個くらいあったとしても、自分はなんとなくこれがいいという「目利きのセンス」を徐々に得られるようになるのです。

もちろん、本書で何度も書いてきたように、ファッションのトレンドに正解はありません。しかし、自分のなかの答えは見つけることができるようになります。

なぜかといえば、10の新製品があったとして、それぞれにそれなりのコンセプトや新発売の根拠があるわけですが、過去にどんな時計を自分が買ってきたかを考え、その時計のどこに魅力を感じてきたのかを理解していれば、「今はこれが新鮮だ」ということをなんとなく感じたり、確信することができるようになるからです。

クルマなども同様です。たとえばセダンブームがあり、その次にスポーツカーブームがあり、RVやステーションワゴンのブームがあり、そして今はSUVブームがあって……というふうにそれぞれのブームをしっかりこなしてきたからこそ、次のモノが出てきたとき、新鮮に思えてくる。ときにはブームがぐるっと一巡して、大昔に流行ったやつが今また新鮮だ！といった感覚を自分で持ったりすることができるようになるのです。

「超付加価値」の部分については、そのようにして読者と一緒に感じつつ、そして読者の3歩先くらいを先んじて走っていないと見えてきません。先すぎても、もちろんうしろすぎてもいけません。ましてや、それがわからないことには「見立て」はできません。

「何かのトレンドになりそうだ」というトレンドの先っぽを見つけて、その筋の専門家・評論家・オタクなどにその見立てを丸投げしてしまう、という手法は、他の雑誌の中ではとかくありがちです。しかし、そうしてしまうと読者の気持ちに沿った「ミーハーな見立て」にはなりえません。そこからできるのは、せいぜい単なるマニア向けの解説です。

だから私は、モノの見立てに関して専門家の力は借りず、常に自分自身をトレンドのまっただなかに置くようにしているのです。

優れた雑誌のコピーとは

『ＬＥＯＮ』のような雑誌にとって、特集や個々の企画につけるタイトル、つまりコピーは、非常に重要な要素です。『ＬＥＯＮ』の場合、ときとしてそのコピーのユニークさが注目されることがありますが、もちろん私は、そうしたコピーについても単なる思いつきではなく、すべて計算ずくで作るようにしています。

『ＬＥＯＮ』編集部に新しく入ったスタッフや、中途採用でやってきたスタッフにコピーを考えさせてみると、出てきたアイデアはたいがいの場合まったく使えません。ほとんどは、『ＬＥＯＮ』が過去に使ったものや、巷に溢れる他の雑誌のタイトルを模倣してちょっとだけアレンジしたような、言葉としての面白さや奇抜さのみに留意した表面的なコピーだったりするのです。

そこで一番欠けているのは、雑誌を作る上での本来の切り口、つまり「どうしてこの商品が素敵なのか、面白いか」という視点へのこだわりです。

あるアイテムを読者に紹介する場合、『LEON』なりの説得力あるストーリーを最初に考えた上で、そこにインパクトのあるコピーをつけていかなければなりません。ところが、往々にしてそのストーリーを組み立てずに、あくまで表面的な言葉の選択にばかり目を向けて、「ちょい不良《ワル》」がいいのか「ちょいモテ」がいいのか考えているのです。

しかしコピーとは、読者に紹介する商品の本質を見抜き、見立てのコンセプトを組み立て、記事の切り口を十分吟味した上で検討し、候補を作り出し、厳選してこれだと思う一つをつける。そういうものであって、言葉遊びや下手な人真似を、私はコピーと認めません。

たとえば、『LEON』でしばしば使われる「ちょい不良《ワル》」というコピーで考えましょう。『LEON』では「ちょい」というフレーズが多く使われますが、これも思いつきではなく日本人の好む「曖昧さ」というところに着目して使っているのです。

つまり、「ちょい不良《ワル》」の意味するところは、「ワルに近い人」という意味ではありません。優等生よりもちょっとだけワルい。本ワルじゃ怖いけど、昔なんとなく遊んでいそうな雰囲気、ちょっと危険な香りがする中年の方が、優等生よりも魅力的ですよ。というメッセージを込める言葉を、まず最初に考えました。

それで、「ちょっとだけ危険な男」というのをなんと表現すればいいのか。「ちょい危険」か、「脱優等生」なのか。そうしたことをいろいろ検討して考え抜いた末に、「不良」というフレーズがいいね、という結論に達したわけです。そこからさらに「不良」と書いて「ワル」と読む、などと決めていきました。

コピーはあくまで、われわれが考え抜いたストーリーを簡潔に表すフレーズにすぎません。最初にフレーズを考えて、あとから意味づけするのでは本末転倒です。

『LEON』のコピーに対して、「優秀なコピーライターをたくさん抱えていらっしゃるのでしょうね」といわれることもあります。しかし、私は前述のような理由から、こうしたコピーを作るのにコピーライターに発注しても、いいものは出てこないと考えています。本編を作っている、考えているのは編集者であって、コピーライターではないからです。コピーは内容の延長線上にあるのですから、そこだけ切り取って作ることなどできない。あくまでも、編集者が必死で考えたなかから生まれるのであって、言葉の遊びではありません。

これはもちろん、『NIKITA』に関しても同様です。女性誌では、感覚的な形容詞を拠りどころに企画のコンセプトやタイトルコピーを組み立てているところも多くあるように思いますが、私は『NIKITA』のキャッチフレーズを作るにあたって、もっとも単刀直入に「あなたに必要なのは〝若さ〟じゃなくて〝テクニック〟」という表現を選びました。

結局のところ、その雑誌、その記事が、なにがどういう形で役に立つのか。それがパッと読んで読者の心に伝わるようなコピーが、いい雑誌のコピーであると私は考えています。

私のスタッフ、私の人脈

私がその関係をずっと大切にして一緒に仕事をしたり、個人的におつき合いさせていただいている人のタイプには、大きく分けて2つあります。一つは、本質を見抜くことができる人。そしてもう一つは、読者の先頭を切って遊んでいるような人です。

ライフスタイル誌などにおいては、「センスがいい」とか「悪い」といったムーディーな部分で判断される場面が多くあります。もちろん、結果としてムーディーになることは十分あり得ますが、自分の在り方が雰囲気に留まっているという人も多いのです。

バブルの頃なら、なにをしても勝手に商品が売れていたので、ムーディーなところでも商売ができました。しかし、今はブランドも雑誌も読者も非常にシビアな目を持っています。出版業であっても、作り手のスタッフ自身が「いかにビジネスセンスを持っているかどうか」というところで判断されます。

だから、私は雰囲気に酔うことなく、実際にその人と仕事をすれば私も成功する、実際にモノが売れる、ビジネスにつながる。そういうシビアな選別の中で勝ち得た人脈を大切にしています。

第3章で触れましたが、『LEON』のスタッフはみんな若く、ある意味で「駆け出し」ばかりです。編集部員に限らず、『LEON』に携わるスタッフの多くが駆け出しです。

すでに権威のある人は自分のスタイルが決まっているので、たまたまそのスタイルどおりで企画にはまるときは重宝しますし、大いにその能力も発揮してくれます。もちろん、こうしたベテランの力もときとして非常に重要ですし、そのための雑誌もあって、それぞれの専門家や評価のある人の力が求められています。

しかしながら、私が作ってきた雑誌の場合は、それまであった雑誌の見方から意図的にずらして新しい切り口を設定する、といった戦略を多く用います。そうなると、これまで自分のスタイルを持って活躍してきた人とは、考え方を一致させるのが難しい。その人なりのスタイルを尊重しにくくなりますし、頼まれた本人もなかなか能力を発揮できない。なにより、権威のある人の場合は、他の雑誌などでもたくさん仕事をしているために、その人の能力に依存してしまうと、他と同じものができ上がってしまいます。

そこで一番ありがたいのは、『ＬＥＯＮ』と一緒にのし上がろう」という強い思いを抱いてくれる駆け出しの人たちです。そういうスタッフが、雑誌そのものの成長のためにも最適です。ポテンシャルを持っていてガッツもあり、吸収力の高い新人。結局のところ、向上心に勝るものはありません。ですから、『ＬＥＯＮ』のスタッフには、結果として有名になった人はいても、最初から有名な人はほとんどいません。誰にでもチャンスはあるのです。

次に、そうした人脈の作り方ですが、いつもこちらからお願いばかりして借りを作るだけでは、人脈も育つはずがありません。仕事の上で友を得るためには、お互いにメリットがある、共に成長していけるという関係を築くことが大切です。

たとえば広告代理店は、出版社にとっては「広告主を見つけてきてくれる」、いわばお客様です。しかしながら、彼らのクライアントに対して雑誌が効果的な媒体であることをうまく証明できれば、広告代理店の人たちに恩を返すことができます。「なるほど『ＬＥＯＮ』に広告を入れてよかった」というレスポンスが得られ、それが広告代理店にとって大きな手柄となる。そうなれば、広告代理店の人も、われわれに敬意を払ってくれるようになります。こうした、仕事を通じての「Ｗｉｎ―Ｗｉｎ」の関係をいろいろな方面で築き上げられるよう、自ら積極的に行動していくことが大切です。

もう一つ、「読者の先頭を切って遊んでいる人」について。

これは、前述の「超・付加価値」の話とも大きく関係します。つまり、読者と同じ目線で体験していなければ、『ＬＥＯＮ』を作ることはできないということです。常に『ＬＥＯＮ』の世界に自分を置く必要がある。必然的に、読者の先頭を切って遊んでいるような人たちが集まってくる。自分もその中の一人となる。つまり、そういう人たちとのつき合いは自分も楽しいと同時に、読者の目線で見る上での重要なヒントとなるのです。

たとえば、２００５年5月号の『ＬＥＯＮ』でゴルフ特集をしたときのストーリーに、「一緒にコースを回っている女性が林の中にボールを打ち込んでしまって探しに行く。そのときに、ボールと一緒にクワガタを一匹つかまえて女性にプレゼントしてあげる、というお茶目で少年心を持ったオヤジ」という企画がありました。

これは実は、実際に私が仲間とゴルフに行ったときにあった本当の話なのです。

仲間の一人がプレイ中に林にボールを打ち込んでしまい、ボールを探しに行って戻ってきたら、本当にクワガタを持って帰ってきました。なんでお前そんなの見つけられたんだ？と聞いたら、子どもの頃ずっと田舎育ちだったから虫取りなどもよくやっていて、今でもクワガタがいる木というのがわかるのだ、といいます。

そこで私は「これは使える！　女の子にウケる！」と思い、そのクワガタがいる木について訪ねると、３つほど教えてくれました。『ＬＥＯＮ』のゴルフ企画のときには、その３つの木のイラストをページに入れて、朝方この木とこの木とこの木にクワガタがいる可能性が高いですよ、というストーリーを組み立てました。

3/3 Golf LEON RECOMMENDS

ゴルフオヤジのお茶目テク

OBでクワガタ！

「いつもは厳しい表情の部長も、ワタシといっしょのときは、無邪気で優しい笑顔の少年に戻るの……」ってニキータに言わせることができる貴兄こそ、母性本能を直撃できる“真のモテるオヤジ”でありましょう。で、今回はゴルフ場でニキータの泣き所を直撃できる必殺技をご紹介。ニキータがいつものようにOB、ブッシュへ打ち込んだときがチャンス。いっしょに行って、まずボールを見つけたら、貴兄にはもうひとつ探すべきモノがある。それは“クワガタ”。昼間のクワガタは雑木林にある下記のような木々の根元、下草を掘り返した辺りにいるので、とにかく一心不乱に土を掘る。そんな貴兄の姿をニキータが訝しげに思った次の瞬間……「ホラいた！こんなデッカイの採れたよ♡」と白い歯光らせてサワヤカにヨン様スマイルかますのである！
仕込んだクワガタでも十分元はとれる保障付きナリ。お試しあれ。

見つけたら、とりあえず掘る!?　クワガタのいる木メジャー3種

クヌギ
ブナ科コナラ属
岩手・山形県以南の本州・四国・九州に広く分布する落葉高木。コナラと同様に、夏緑広葉樹の代表。クワガタが生息する代表木でもある。

コナラ
ブナ科コナラ属
クヌギと同じ落葉高木。木のなかほどにはオオクワガタ、ヒラタクワガタ、コクワガタがいる。高い場所にはノコギリクワガタや、ミヤマクワガタが。

スダジイ
ブナ科コナラ属
暖地の山地に生える常緑高木で、庭や公園にもよく植えられている。昼でも採りやすいノコギリクワガタ、コクワガタなどが樹液に群がる。

09 Golf LEON

LEON2005年5月号　第1付録

そうやって「お茶目オヤジはクワガタ」という話を展開したのです。

こんな企画は、どこのブランドのプレスリリースを探しても書いてあるはずがありません。もちろん、ゴルフギアのカタログにもそんな話は載っていません。それはまさにそうした連中と一緒にゴルフをやっているからこそ出てくる話なのです。私の友人も単にたまたまクワガタを見つけたからつかまえてきただけで、それが企画になるなんて夢にも思っていなかったでしょう。

ヒントはいろんなところに転がっていますが、それを得られるように、常にいろいろな世界に身を置いて、いろいろな人と関係を作っておくことが大切なのです。

再び「ビジネスとしての自覚」について

『ＬＥＯＮ』のように10万部しか売れていなくても確実なビジネスができる雑誌もあれば、何十万部売っても休刊に追い込まれてしまう雑誌もあります。そうした違いはどこから生まれるのでしょうか？

たとえば、レストランを経営する場合を考えてみます。店を始める上で大切なことは、経営する側がビジネスの構造を正しく意識していることです。新たにレストランを作って、豪華な内装を施し、豪華な料理に高価な価格設定をして出す。そうしたレストランならば、お客の数はごくわずかですが、それでも固定客がちゃんとつけばビジネスとして成立することができる。そういう高い客単価を狙った商売でいくのか、それともファミリーレストランのようにたくさんのお客さんに来ていただくようなレストランにするのか。

そうした戦略の違いをはっきり認識した上で経営するのでなければ、レストランはたちまち閉店に追い込まれてしまいます。

「売上げ」と「利益」というのはまったく別のものです。売上げばかりがいくら立ったところで、その収益構造が貧弱だと、最終的には赤字になってしまいます。モノを作る以上は、そうした収支に対して、きちんとした読みができることが求められるのです。

ところが、そうした読みができる人間が、出版界ではあまりにも不足していた。

これは何度もお話ししてきたとおり、出版界に、マスコミ特有の権威主義に依存して「みんなに教えてあげる」という意識で雑誌を作っていたような人があまりにも多かった、という事実になによりも原因があります。毎年毎年休刊する雑誌が山のようにあり、不況といわれながらなかなか改革の機運に目覚めないのは、やはり出版界が他の業界に比べて、ビジネスの面で「甘い世界」であるからといわざるを得ません。

そうした甘えが許されてきたのは、出版界が「再販制度」と日本独自の取次システムによって、事実上閉ざされた業界だったからともいえるかもしれません。誰でも出版業に参入できるわけではなく、始めるには「出版コード」「雑誌コード」といった一種の「親方株」のようなものを手に入れることが必要で、本当の意味での自由競争がこれまで行われてこなかった。そのために、古い体質が何十年も温存されてきた。そういった事情も背景にあるではないかと思います。

しかし、このままではどんどん日本の出版界は廃れていってしまいます。古い体質から脱却して、もっと活気に溢れたビジネス分野に変えていく。そのためには、出版界の一人一人が、ビジネスとしての本作り、雑誌作りに、もっと正面から誠実に取り組んでいくことがなによりも必要であると私は思うのです。

あとがき

「勝てば官軍」という言葉は、いろいろな世界で頻繁に用いられます。雑誌編集長とは、まさにそうした「成功したものだけが兵《つわもの》について語れる」典型的な職業の一つといえるかもしれません。

ただし、勝負に負ければ、地位も名誉も失う。その厳しさはスポーツチームの監督や企業のプロジェクトリーダーなどに近いかもしれません。しかし、編集長の場合さらに過酷なのは、失敗をすれば雑誌自体が休刊に追い込まれ、自分のみならず雑誌に関係するスタッフの職まで奪ってしまうことになるという厳しいリスクを常に負っていることです。

それだけに、ひとたび編集長の職務を引き受けたなら、なにがあっても雑誌を成功させなければなりません。しかし、毎年多くの雑誌が創刊されるなかで、成功するのはその1割にも満たないというのが、この非情な世界の現実です。

もっとも私も、約15年前に初めて雑誌『Ｂｅｇｉｎ』の創刊を任されたときには、そうした編集長としての職責の重さをまだ十分に理解しておりませんでした。たまたま『Ｂｅｇ ｉｎ』が成功した結果、さらに多くの雑誌の創刊を手がけるチャンスに恵まれましたが、そのあとは自分が作った雑誌が売れる喜び、認められる喜びとともに、数多くの修羅場、軋轢、苦い思いを体験し、次第に雑誌編集長という仕事の辛さ、難しさが骨身に浸みてくるようになりました。

『ＬＥＯＮ』は、編集長として私が創刊を手がけたなかで、実に7冊目の雑誌です。それまでの6冊の中には、『Ｂｅｇｉｎ』のような大成功の本もあれば、ビジネスとしてはあえなく失敗し、休刊に追い込まれた雑誌もありました。『ＬＥＯＮ』は、私が会社を移って初めて手がけた雑誌であり、失敗は許されません。そして、私を信頼して『ＬＥＯＮ』のもとにはせ参じてくれたスタッフのためにも、絶対に成功しなければならないと思っていました。

本書でお話ししてきたことは、そうした『ＬＥＯＮ』を是が非でも成功させようと私が知恵を絞って考えた雑誌作りの戦略であり、数々の厳しく困難な状況とそれを乗り越えた経験であり、そして結果として成功につながったエピソードの数々です。

読みようによっては「勝てば官軍」的で鼻持ちならない、と受け取れるかもしれません。それでもあえて本にしようという気持ちになったのは、一つは私個人のこと以上に、『ＬＥ

ON』そして『NIKITA』という私が手がける雑誌のコンセプトについて、美談ではなくその本質を多くの人に知っていただきたいと思ったからです。そしてもう一つ、厳しい現実に直面している出版業界のなかで、これから雑誌作りに誠実に取り組んでいこうという思いを抱いている若き編集者たちにも、「編集長」という仕事の経験者の一人として、その知恵やノウハウをなんらかの形でお伝えすることができれば、と願ったからです。

最後に、この本を執筆する機会を与えてくださったソフトバンクパブリッシング株式会社のみなさま、とりわけ編集のご苦労を引き受けてくださった木村良太さん。同業他社からの出版を快く了承していただいた主婦と生活社。私を育ててくださった世界文化社のかつての先輩・上司のみなさま。これまで私を助け、私の仕事を支えてくれた多くのスタッフたち。そして、私の雑誌を支持し、応援してくださった数多くの読者とクライアント企業のみなさまに、この場を借りて心より御礼申し上げます。

2005年8月

岸田　一郎

LEON《れおん》の秘密《ひみつ》と舞台裏《ぶたいうら》

カリスマ編集長《へんしゅうちょう》が明《あ》かす「成功《せいこう》する雑誌《ざっし》の作《つく》り方《かた》」

2005年9月5日 初版第1刷 発行

著者 岸田一郎《きしだいちろう》

発行者 稲葉俊夫

発行所 ソフトバンク パブリッシング株式会社

〒107-0052 東京都港区赤坂4-13-13

TEL 03-5549-1201(販売)

http://www.spbnet.jp/

印刷・製本 文唱堂印刷株式会社

装丁・本文アートディレクション+デザイン 久住欣也(Hisazumi design inc.)

安藤恵美(Hisazumi design inc.)

カバーイラスト bOi

制作・編集アシスト 小口和昭(BRIGHTEN inc.)

協力 株式会社 主婦と生活社

ジバンシィ ジャポン

落丁本、乱丁本は小社販売局にてお取り替えいたします。

定価はカバーに記載されております。

Printed in Japan ISBN 4-7973-3202-6